단편소설
창작수업

손잡고 국어수업 01

단편소설 창작수업

왜? 어떻게?

글 윤수란 김병섭 최인영

'손잡고 국어수업'
시리즈를 펴내며

아름다운 수업

교사라면 누구나 아름다운 수업을 꿈꿉니다. 그래서인지 수업 사례를 다룬 책이나 연수가 쏟아지고 있습니다. '수업 디자인'이라는 말도 유행합니다.

디자인이 뭐냐는 물음에 누군가는 이렇게 답했습니다. "인문학적 상상의 공학적 실현". 그러면서 "디자인은 손재주가 아니에요. 사람들의 삶을 어떤 방향으로 바꾸고 싶다는 인문학적 상상이 먼저입니다."라고 덧붙였습니다.

교육공학을 전공한 교수님도 그와 비슷한 얘기를 했습니다. "수업 방법은 다음 문제예요. 어떤 수업을 하고 싶은지, 왜 그런 수업을 하고 싶은지 그걸 먼저 생각해야 합니다. 그에 따라 수업 방법이 결정되기 때문입니다."

국어 교사 단톡방에서 오가는 대화

"○○와 ㅁㅁ의 차이가 뭔가요?"

"△△는 어떻게 가르치면 되나요?"

국어 교사들이 모인 단톡방에 가장 많이 올라오는 질문입니다. 당장 내일 해야 할 수업을 앞에 놓고 막막한 마음에 올린 질문이겠죠. 오죽 답답하면 이런 질문을 하셨을까요? 그런데 조금만 여유를 가지고 '왜?'라는 질문을 먼저 던져보면 어떨까요? 그러면 '어떻게?'에 대한 답은 자연스럽게 따라오지 않을까요?

왜?

새는 두 날개만으로 날지 않습니다. 물고기는 지느러미로만 헤엄치는 게 아닙니다. 머리를 돌려 올바른 방향을 잡는 일이 먼저입니다. 그래서 이 책에서는 '왜?'라는 질문으로 시작합니다. 이 물음은 '삶' 또는 '성장'과 맞닿아 있습니다. 가르치고 배우는 사람이 더불어 성장하는 수업을 하려면 '왜?'라는 질문을 붙들어야 합니다.

> 나는 왜 이걸 가르치는가?
> 이걸 배워서 우리 아이들이 어떤 방향으로 성장하기를 바라나?

공자님께서도 "學而不思則罔(학이불사즉망)"이라고 하셨습니다. '망(罔)'은 그물입니다. 그물에는 구멍이 숭숭 뚫려 있습니다. 속 알맹이가 없죠. 열심히 가르치고 배우지만 수업이 끝나면 허망할 때가 많습니다. '왜?'라는 질문이 빠졌기 때문입니다. 성긴 그물 사이로 삶의 알맹이가 죄다 빠져나가고 빈껍데기만 남았기 때문입니다.

'왜?'에 대한 답을 찾으려면 찬찬히 관찰해야 합니다. 교육과정에서는 어떤 목표를 제시하고 있는지, 교과서에서는 어떻게 구현하고 있는지, 학생들은 어떤 수준과 상황인지, 학생들이 살아갈 우리 사회는 어떻게 변하고 있는지……. 처음에는 어려울 수 있지만 자꾸 연습하면 꼬리에 꼬리를 물고 해답이 따라 나옵니다. 고구마 줄기처럼.

어떻게?

교사가 아무리 선한 의도와 간절한 열망을 가졌다 해도 수업이 그저 되지는 않습니다. 열심히 날개를 퍼덕이고 지느러미를 움직여야 합니다. 인문학적 상상을 실현할 공학적 실천이 필요합니다.

공자님께서는 이어서 말씀하십니다. "思而不學則殆(사이불학즉태)". '태(殆)'는 위태롭다는 뜻입니다. 흐물흐물해서 제대로 설 수 없는 상태죠. 아무리 멋진 생각이 있어도 그걸 어떻게 실현할지 모른다면 소용이 없습니다. 올곧게 실천하려면 힘써 가르치고 배워야 합니다. 방법이나 요령이 필요합니다.

이 책에서는 이미 현장에서 실천해 본 사례를 몇 가지 소개합니다. 당연한 말이지만 이 사례를 곧이곧대로 베끼면 안 됩니다. 이 사례들은 '다만 하나의 몸짓'에 지나지 않습니다. 선생님들의 빛깔과 향기를 덧입혀 주세요. 선생님의 '왜?'라는 질문에 맞춰서 어떻게 적용할지 선택하셔야 합니다.

손을 내밀어 주세요

이 책은 더 아름다운 수업을 꿈꾸는 선생님들을 위한 책입니다. 선생님께서 국어 수업의 길을 찾으실 때 그 손을 잡아드리고자 이 책을 기획하게 되었습니다. 우리 책을 실마리 삼아 선생님만의 '왜?' '어떻게?'라는 질문을 얹어 더 아름다운 수업을 구상하시기를 기대합니다.

더 나아가 저자로 모시고 싶습니다. 선생님께서 실천하신 값진 수업 사례를 책으로 만들어주세요. 아직 완전하지 않아도 좋습니다. 그걸 책으로 엮는 과정에서 더 단단하게 틀을 다질 수 있기 때문입니다. 선생님께서 용기를 내신다면 또 다른 누군가에게 따스한 손길이 되리라 믿습니다. 선생님의 연락을 기다립니다.

손잡고 걸으면 외롭지 않습니다.

우리가 가르치고 배우는 일도 그랬으면 좋겠습니다.

함께 손잡고 '왜, 어떻게 가르칠까?' 길을 찾고자 합니다.

머리말

소설 창작 수업의 세계로

글쓰기 수업 시간. 저마다 쓰기에 열중하고 있는 아이들 사이를 걷다 보면 이미 글쓰기를 마친 아이들과 눈이 마주칩니다. 그 눈빛에는 '선생님 다 썼어요. 어서 와서 제 글을 봐주세요.'라는 강렬한 메시지가 담겨 있습니다.

글을 완성한 아이들은 몹시 뿌듯해합니다. 글쓰기를 흔히 산고(産苦)에 비유하는데, 그처럼 힘든 과정을 이겨냈으니 뿌듯함을 느끼는 것은 당연하겠지요. 어떤 작가가 "가장 잘 쓴 글은 완성된 글"이라고 말했다는데, 그렇다면 글을 완성한 아이들은 이미 훌륭한 글을 쓴 셈입니다.

하지만 글쓰기는 학생들뿐만 아니라 국어 교사들에게도 어려운 영역입니다. "내가 글을 잘 쓰지 못하기에 아이들을 지도할 엄두를 내기 힘들다."라고 하소연하는 교사들도 있습니다. 그렇다 보니 국어 교사들에게 창작 수업, 특히 소설 창작 수업은 더 요원하게만 느껴집니다.

글쓰기에는 치유의 힘이 있습니다. 글쓰기는 진짜 나를 만나는 과정이며 훈련이기 때문입니다. 소설 창작도 마찬가지입니다. 작가는 소설 속 사건과 인물, 단어 하나에까지 자신의 숨결을 불어넣습니다. 게다가 허구성에 기대 자신을 숨긴 채 마음껏 상상의 나래를 펴기도 하고, 꺼내기 어려웠던 이야기를 담담히 들려줄 수도 있습니다. 그 과정에서 자신의 내면과 마주하기도 하고, 상처가 치유되기도 하며, 욕망이 충족되거나 갈등이 해소되기도 하지요. 그러니 소설 창작 수업을 통해 학생들이 스스로 작품을 완성해 낸다면, 큰 성취감과 함께 내적인 성장도 이룰 수 있을 것입니다.

이 책은 소설 창작 수업에 도전해 보려는 국어 교사들을 위해 기획되었습니다. 말하자면, 소설 창작 수업을 먼저 실천했던 교사들의 '수업 사례 나눔서'입니다.

1부 '소설 창작 수업, 왜?'에서는 소설 창작 수업이 필요한 이유를 정리했습니다. 2부 '소설 창작 수업, 어떻게?'에서는 세 가지 수업 사례를 소개합니다. 상상력 놀이부터 출판 기념회까지 긴 호흡으로 진행할 수 있는 수업, 반전 있는 이야기를 웹 기반으로 창작하는 수업, 모둠별로 협력하여 작품을 써 내려가는 수업. 색깔은 다르지만 결국 소설 창작의 맛을 즐길 수 있다는 점에서 공통점을 가지고 있습니다. 각 수업 사례를 그대로 시도해 보아도 좋고, 상황과 여건에 맞게 변형해서 시도해 보아도 좋을 것입니다.

그리하여 '어서 완성된 내 작품을 읽어달라'는 강렬한 눈빛으로 선생님을 바라보는 학생들을 만나시길 바랍니다. 그 뿌듯한 마음을 대면하는 순간, 선생님의 마음도 벅찬 성취감으로 가득 찰 것이라 믿습니다.

차례

수업 사례 2 (6차시 수업안)

웹소설 쓰기 수업 _김병섭

수업 개요

수업 사례 3 (4차시 수업안)

모둠으로 연재소설 쓰기 _최인영

1부

소설 창작수업 왜?

1. 학생에서 작가로, 단편소설 창작하기

2. 소설 창작 수업의 현실적 어려움

3. 재미있고 유용한 소설 창작

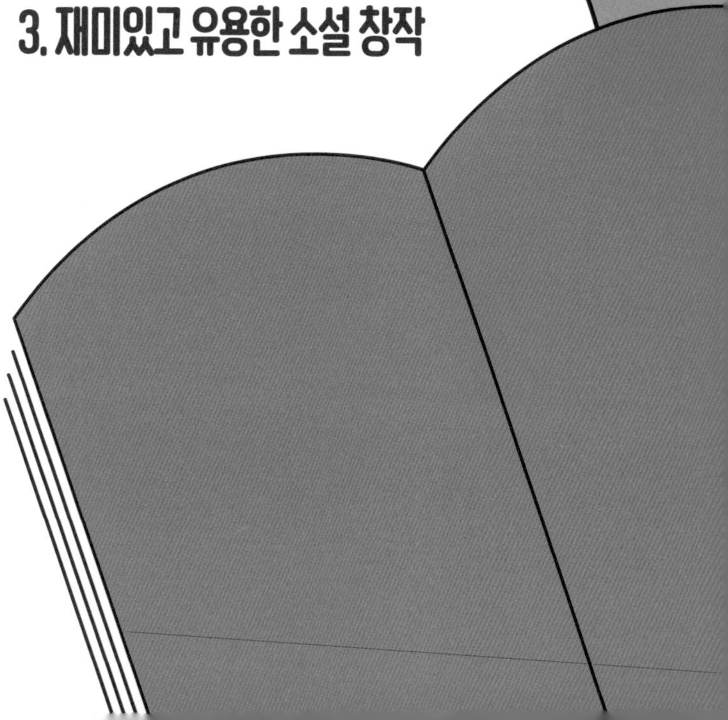

1. 학생에서 작가로, 단편소설 창작하기

아이들 앞에 소설책이 한 권씩 놓여 있다. 아이들은 책이 쩍 갈라질까 봐 제대로 펴지도 못하고 비밀일기 보듯 조심스레 책을 펼친다. 목차에서 자기 이름을 찾고는 어리둥절한 표정으로 교사를 바라보는 아이들도 있다.

이게 정말 우리 작품집이에요?
우리 작품이 책으로 나온 게 맞아요?

아이들의 표정은 환희 그 자체이다. 소설을 쓰면서 힘들고 괴로워하던 모습은 사라지고 없다.

으악, 오글거려요. 흑역사 하나 추가!
얘들아, 제발 내 작품은 읽지 마. 부탁이야!

어쩔 줄 몰라 하며 이렇게 말하는 아이들도 있다. 짐짓 작품집을 책상 한 귀퉁이로 던져두고 외면하는 시늉을 하기도 한다.

자신의 작품이 실린 책을 받아든 아이들은 기쁨과 환희를 느끼면서도 동시에 부끄러워한다. 그 부끄러움은 '내 작품을 절대 읽지 말라'는 경고가 아니라 '내 작품을 재미있게 읽어주고 절대 비난은 하지 말아달라'는 부탁을 의미한다.

사람은 누구나 글을 완성하면 성취감을 느낀다. 아이들의 경우는 말할 필요도 없다. 더군다나 수필도 아니고, 설명문도 아니고, 단편소설을 썼으니 그 만족감은 짐작하고도 남는다. 내가 완성한 소설이 책으로 만들어졌으니 그 기쁨이 오죽할까.

살면서 언제 소설을 써보겠어요? 힘들었지만 정말 의미 있었어요.

학생들이 수업의 의미를 깊게 깨닫는 것이야말로 교사로서 가장 보람 있는 순간일 것이다.

단편소설 창작 수업을 통해 일부 학생들은 작가가 되고 싶다는 꿈을 품을 수도 있을 것이다. 그래서 단편소설 창작 수업이 끝난 뒤에도 자기만의 창작 세계를 펼쳐나갈 수도 있다. 하지만 그것을 바라고 단편소설 창작 수업을 하는 것은 아니다. 소설을 읽고 즐기기만 하던 아이들이 작가가 되어 직접 소설을 창작하면서 문학을 향유하는 기쁨을 한 번이라도 느껴보았다면, 그것으로 충분할 것이다.

2. 소설 창작 수업의 현실적 어려움

(1) 창작을 권하는 교육과정

독서와 글쓰기(특히 창작)를 가르치면서, 국어 교사가 되는 과정에서 제대로 된 읽기와 쓰기 교육을 받은 적이 없었다는 사실을 깨달았다. 중학교와 고등학교 때에는 해마다 문예 백일장, 통일 글짓기 등 각종 글쓰기 대회가 열렸지만 어떻게 써야 하는지를 배워서 쓴 적은 없었다.

국어 수업 역시 교과서에 실린 글을 보며 시험에 나올 법한 내용을 받아적는 게 고작이었다. 시를 감상하는 일도 선생님의 설명에 따라 착실하게 '밑줄을 쫙' 긋고 '별 5개'를 정성스레 그려 넣는 게 전부였다. 그런 상황에서 창작을, 그것도 소설 창작을 중고등학교 시절에 경험해 볼 수 있었겠는가.

다행스럽게도 교육과정이 바뀌면서 학생의 참여와 활동을 강조하는 교육관이 점점 자리를 잡았다. 우선 읽기 영역에서는 독자의 관점을 중요시하는 구성주의적 교육관이 확대되었다. '한 학기에 한 권의 책을 학교에서 제대로 읽히자.'라는 내용이 교육과정에 포함되면서 독서 교육의 진일보에 큰 역할을 담당했다.

그렇다면 쓰기 및 창작 영역에서는 어떤 변화가 있었을까? 2015 개정 국어과 교육과정에서는 쓰기 및 창작에 대한 성취기준을 〈표 1〉과 같이 명시하고 있다.

이 성취기준을 성실하게 수행하면 학생들이 자신의 경험과 생각과 느낌을 창의적이고 아름다우며 감동적으로 표현해 내는 우수한 작가로 성장할 수 있겠다는 기대를 품게 된다. 게다가 2015 개정 교육과정의

〈표 1〉 2015 개정 국어과 교육과정 - 쓰기·창작 관련 성취기준

중학교	쓰기	[9국03-05] 자신의 삶과 경험을 바탕으로 하여 독자에게 감동이나 즐거움을 주는 글을 쓴다. [9국03-07] 생각이나 느낌, 경험을 드러내는 다양한 표현을 활용하여 글을 쓴다.
	문학	[9국05-01] 문학은 심미적 체험을 바탕으로 한 다양한 소통 활동임을 알고 문학 활동을 한다. [9국05-02] 비유와 상징의 표현 효과를 바탕으로 작품을 수용하고 생산한다. [9국05-09] 자신의 가치 있는 경험을 개성적인 발상과 표현으로 형상화한다.
고등학교	공통	[10국03-03] 자신의 경험과 성찰을 담아 정서를 표현하는 글을 쓴다. [10국05-01] 문학 작품은 구성 요소들과 전체가 유기적 관계를 맺고 있는 구조물임을 이해하고 문학 활동을 한다.
	선택	[12문학02-05] 작품을 읽고 다양한 시각에서 재구성하거나 주체적인 관점에서 창작한다. [12문학02-06] 다양한 매체로 구현된 작품의 창의적 표현 방법과 심미적 가치를 문학적 관점에서 수용하고 소통한다.
	진로 선택	[12심국03-02] 자신의 생각과 느낌을 창의적이고 아름답게 표현한다.

인재상인 '자주적인 사람, 창의적인 사람, 교양 있는 사람, 더불어 사는 사람'은 문학 교육 특히 창작 교육의 본질과 맞닿아 있다.

2022 개정 국어과 교육과정에서는 '창작'을 더욱 강조하고 있다.

〈표 2〉 2022 개정 국어과 교육과정 - 쓰기·창작 관련 성취기준

중학교	쓰기	[9국03-05] 자신의 삶과 경험을 바탕으로 정서를 진솔하게 표현하는 글을 쓴다. [9국03-06] 다양한 표현을 활용하여 자신의 생각과 느낌이 드러나는 글을 쓰고 독자와 공유한다.
	문학	[9국05-01] 운율, 비유, 상징의 특성과 효과에 유의하며 작품을 감상하고 창작한다. [9국05-06] 자신의 경험을 개성적인 발상과 표현으로 형상화한다. [9국05-09] 문학을 통해 타자를 이해하고 공동체의 문제에 참여하는 태도를 지닌다.

고등학교	공통 국어 1, 2	[10공국1-05-01] 문학 소통의 특성을 고려하며 문학 소통에 참여한다. [10공국1-05-02] 작품 구성 요소의 유기적 관계와 맥락에 유의하여 작품을 수용하고 생산한다. [10공국2-05-02] 주체적인 관점에서 작품을 해석하고 평가하며 문학을 생활화하는 태도를 지닌다.
	일반 선택	[12문학01-08] 작품을 읽고 새로운 시각으로 재구성하거나 주체적인 관점에서 작품을 창작한다. [12문학01-11] 문학을 통해 공동체가 처한 여러 문제들을 이해하고 문제 해결에 참여하는 태도를 지닌다. [12문학01-12] 주체적인 문학 활동을 생활화하여 지속적으로 문학을 즐기는 태도를 지닌다.
	진로 선택	[12문영01-04] 문학 창작과 영상 창작의 요소와 기법을 바탕으로 문학 작품과 영상물을 수용·생산한다. [12문영01-09] 문학 작품과 영상물을 통해 창의적 사고를 표현하고 세계와 적극적으로 소통하는 태도를 가진다. [12문영01-10] 문학 작품과 영상물의 수용과 생산 활동에 따르는 윤리적 책임을 인식하면서 주체적이고 능동적으로 참여한다.

성취기준에 언급된 '문학을 통해', '문학 활동에 참여한다', '문학을 생활화한다' 같은 표현에는 문학 작품 읽기 및 감상뿐 아니라 '창작' 활동도 포함된다.

2022 개정 국어과 교육과정에서 고등학교 교육과정이 선택 중심 교육과정으로 구성되면서 2015 개정 국어과 교육과정에 비해 창작에 대한 언급이 두드러졌음을 알 수 있다. 공통국어 1, 2에도 문학 창작과 관련되는 성취기준이 존재하는데, 일반선택과 진로선택에서는 더 구체적이고 전문적으로 문학 창작을 언급하고 있다.

요컨대 2022 개정 국어과 교육과정은 학생들에게 능동적인 감상자의 역할뿐 아니라 작품을 쓰거나 비평하는 역할도 부여하고 있다. 문학의 수용·생산 능력은 문학의 해석, 감상, 비평, 창작 활동을 통해 향상되기 때문에, 전문적으로 창작을 하지는 못하더라도 작품을 쓰거나 비평하는 활동을 시도하면서 문학 소통에 주체적으로 참여할 수 있게 한 것이다. 또 문학 창작의 경험을 충분히 쌓음으로써 학습자가 자신을 표현할 수 있는 능력을 기를 수 있음을 안내하고 있다.

인간은 문학을 향유하면서 자아를 성찰하고 타자를 이해하며 공동체의 일원으로 성장한다. 그렇기에 교육과정에서는 이렇게 장밋빛 전망을 제시하고 있는 것이다. 하지만 정작 학교의 현실은 창작 교육을 실현하기에 그리 녹록하지 않다.

(2) 창작 교육을 가로막는 현실

먼저, 창작에 할애할 물리적인 시간이 부족하다. 현재 중학교 국어의 경우(2015 개정 국어과 교육과정 기준) 1, 2학년은 16개, 3학년은 19개의 성취기준을 학습해야 한다. 2015 개정 국어과 교육과정의 특성상 지식이나 이론의 습득을 목표로 하는 성취기준은 문법 영역에만 국한되어 있다. 다른 영역의 성취기준은 학생들이 의미를 공유하며 면담을 하고, 읽기를 생활화할 수 있을 만큼 깊게 읽으며, 다양한 종류의 글을 쓴 후 고쳐 쓰고, 여러 문학적 개념을 고려하여 작품을 감상하고 창작하기를 요구하고 있다.

이런 성취기준들을 학생 활동 중심으로 수업하고 그와 연결하여 과정 중심 평가까지 진행하려면 많은 시간이 소요된다. 창작 수업에 할애할 시간적 여유가 없을 수밖에 없다. 대학 입시를 눈앞에 둔 고등학교에서는 더 말할 필요가 없다. 그래서 창작 수업을 계획하는 교사들도 비교적 시간이 덜 걸리는 시와 수필 창작을 선택하기가 십상이다.

교사들이 창작 수업을 시도하지 않는 또 하나의 중요한 이유는 지도에 대한 두려움 때문이다. 특히 소설 창작의 경우에는 무엇을 어디서부터 어떻게 시작해야 하는지 막막함을 느끼는 교사가 의외로 많다. 중고등학생 시절 국어 시간에 소설 창작을 경험해 본 교사가 몇이나 될까? 사범대학 국어교육과에서도 교육과정에 '소설 창작 교육론'은 고사하고 '문예 창작 교육론'을 개설한 경우가 그리 많지 않다. '문학 교육론'이나 '현대소설 강독' 등의 교과목을 필수로 지정한 것과 상반된다.

> 학생들에게 창작 교육을 잘하시는 분들도 계시지만 대부분은 창작 교육을 국어 교사의 역할이라고 생각하지 않는 경향이 있어요. 더구나 진도에 쫓겨 수업 시간은 늘 모자라지요. 교사가 창작 교육을 어떻게 하면 되는지 제대로 훈련받은 적도 없어요. 이런 복합적인 이유로 인해 창작 교육을 제대로 실천하기가 겁이 나요.
>
> 고등학교 국어 교사 이○○

대부분의 국어 교사는 학창 시절에 소설 창작 수업을 받아본 적도, 학부 때 교육받은 적도 없다. 교사가 된 후의 상황도 그리 다르지 않다. 신규 교사 연수나 1정 연수뿐 아니라 교육청이 개설하는 국어 교과 관련 연수에서도 '소설 창작 이론과 실제'를 다루는 강좌는 찾아보기 힘들다.

서울특별시교육청의 경우 2017년과 2018년에 교사를 대상으로 하는 창작 실습형 연수인 '책마을 창작학교'를 개설한 바 있다. 시와 소설 창작을 희망하는 교사들이 현직 시인, 소설가와 함께 작품을 창작하고 합평을 받는 형태로 진행했다. 서울특별시교육연수원에서는 2019년부터 '호모스토리텔리쿠스 교과지도 직무연수'를 개설하고 스토리텔링을 활용한 수업 방법 및 창작론에 대한 연수를 진행하고 있다. 그러나 여기에 참여하는 교사는 극히 제한적이다.

상황이 이렇다 보니 서사적 이야기 쓰기에 관심이 있는 교사들 혹은 교육과정의 문학 창작 성취기준을 성실하게 가르치고 싶은 교사들은 기존 작품(교과서에 실리거나 학생들이 선택해서 읽은 소설)의 뒷이야기를 상상해서 쓰거나 기존 작품의 갈래 등을 바꾸어 재구성하는 수준의 수업에 그치고 마는 게 현실이다. 그렇기에 소설 창작 수업을 하는 교사를 보면 국어 교사들조차도 "대단하다!"라면서도 "왜 그렇게까지 하느냐?"라는 의문을 던지곤 한다.

소설 창작 수업을 힘들게 하는 또 다른 요인은 바로 학부모와 학교 관리자의 인식 부족이다. 아이들과 소설 창작 수업을 한다고 하면 '참 좋은 활동이기는 한데 상급학교 진학에 도움이 되는 수업은 아닌 것 같다.'라는 반응이 돌아온다. 중학교의 수업도 대학 입시에 초점을 맞춰야 한다고 생각하는 분들이 많기 때문이다. 고등학교 사정은 말하지 않아도 충분히 짐작할 수 있으리라.

학생들이 창작한 소설을 책으로 묶어 가정으로 보낼 때가 있다. 자녀의 글을 읽고 감동하거나 아이에게 소설을 창작할 수 있는 경험을 만들어줘서 고맙다고 하는 분들이 많다. 하지만 앞으로도 적극적·지속적으로 소설 창작에 힘써 달라고 요청하는 학부모는 거의 없다.

마지막으로, 말하기 비밀스러운 걸림돌이 하나 더 있다. 소설을 쓰자고 했을 때 아이들이 보이는 반응이다. 학생들의 반응은 그다지 열렬하지 않으며, 더 솔직히 말한다면 부정적인 반응일 때가 대부분이다.

"얘들아! 우리 이번 학기에는 단편소설을 쓸 거야. 너희들이 소설 읽기 참 좋아하잖아. 너희들을 웃게도 하고 울게도 하는 소설을 직접 창작해 보는 거지. 어때 신나지 않니?"

"저는 소설 읽는 것도 힘든데, 소설을 쓴다고요?"
"선생님, 소설을 꼭 써야 해요? 너무 힘들 것 같은데요."
"학원 숙제도 많고 너무 바쁘단 말이에요."
"저는 작가가 될 것도 아닌데 소설을 쓴다고요?"

이렇게 학생들마저 저마다 볼멘소리를 쏟아내면 '이 많은 문제를 다 걸머지고 굳이 소설 창작을 해야 하나?' 싶은 회의가 생길 수도 있다. 어쩌면 이런 상처는 교사의 숙명일지도 모르겠다. 그렇다고 여기서 꺾이면 안 된다.

소설 창작에 대한 아이들의 시큰둥한 반응은 반어적인 의미를 포함하고 있는 경우가 많다. 다시 말해, 소설 창작에 흥미와 호기심이 생기지만 잘할 수 있을지 확신이 없기에 미리 연막을 치는 것이다. 반면, 초롱초롱한 눈을 빛내며 이런 날을 고대해 왔노라고, 어서 소설을 쓰자고 재촉하는 부류의 학생들도 있다.

부정적인 반응을 보인 학생이든 우호적인 반응을 보인 학생이든, 일단 소설 창작에 들어가면 하나같이 쓰기 자체에 몰입하게 된다. 오랜 지도 경험으로 직접 확인한 것이니 믿어도 좋다.

3. 재미있고 유용한 소설 창작

소설 창작은 인간의 본능이다

사람들은 본능적으로 이야기를 좋아한다. 그래서 소설을 읽고 영화를 본다. 동영상 공유 사이트를 찾고 SNS를 방문하는 것은 누군가의 이야기를 듣기 위함이다. 블로그나 카페 등 소셜미디어 플랫폼 한 귀퉁이에 자신의 일상을 기록하는 것도 내 이야기를 표현하고 타인과 공유하는 행위이다. 청소년들을 보면 늘 누군가의 SNS를 들여다보고, 자신의 이야기를 사진과 영상, 문장 등으로 표현한다. 실로 '이야기 중독'이라고 할 만하다. 이렇듯 이야기를 향유하고 공유하는 인간을 '호모 픽투스(homo fictus)'라고 부른다.

유발 하라리는 허구를 창작하는 능력을 '인지혁명'이라 칭했다. 세상에 존재하지 않는 것, 내가 경험해 보지 않은 세계를 상상으로 그려내는 행위는 혁명과도 같다. 그러므로 소설 창작은 이야기를 즐기는 인간의 본성을 자극하고 충족시킬 뿐 아니라 인지 능력을 비약적으로 확대하고 발전시키는 활동이다.

인간에 대한 이해를 깊게 해준다

소설은 '인간은 누구이며 어떻게 살아야 좋은 인생인가'를 고민하게 한다. 소설에는 다양한 인간이 등장한다. 그들이 겪는 갈등과 그 속에서 느끼는 희로애락애오욕의 감정들이 소설에 고스란히 담긴다. 그렇기에 소설을 많이 읽으면 인간에 대해 깊이 이해하게 된다.

더 나아가 소설을 직접 창작한다면 인간의 내면을 훨씬 더 깊게 읽어낼 수 있다. 인물의 행동과 대사를 구체적으로 묘사하려면 인간의 삶에 관심을 가지고 예리하게 바라봐야 하고, 그 과정에서 인간의 내면을 발견하게 되기 때문이다.

인간은 대부분 자기중심적이지만 청소년기에는 특히 더 그렇다. 그렇다고 청소년들이 자신의 행동 양상과 심리적 반응을 모두 이해하고 있는 것은 아니다. 소설을 창작하면서 아이들은 '나는 왜 이렇게 생각하고 행동하는지', '다른 사람들은 어떤 생각을 하면서 살아가는지'를 살피게 된다. 이처럼 인간을 제대로 발견하는 과정에서 아이들은 좁은 시야를 넓힐 수 있다. 인간에 대한 인식이 전환되는 것이다.

세계에 대한 이해를 넓혀준다

인간에 대한 인식의 전환은 인간이 살아가는 사회에도 적용된다. 자기중심적인 사고가 강한 청소년기에는 이 세상도 자신을 중심으로 돌아간다고 인식하기 쉽다. 나를 둘러싼 가족, 친구, 학교, 학원, 동네와 이웃을 넘어 교육제도, 경제 상황, 오래된 전통과 사람들의 가치관까지를 두루 인식하는 경우는 드물다. 이 모든 것들은 서로 연결되어 '나'에게 영향을 끼치고 있는데도 말이다.

인간에 대한 인식의 폭을 넓힌 청소년 작가는 인간이 속한 사회에 대해서도 면밀하게 인식하게 된다. 사회의 어떤 측면이 인간을 웃게 하고 울게 하는지, 일하게 하거나 멈추게 하는지 고민하면서 자신이 속한 사회의 특질을 더 잘 이해하게 된다. 잠을 자고, 밥을 먹고, 학교나 학원에 가고, 공부하고, 게임을 하고, 친구와 수다를 떨고, 귀가하여 다시 잠에 이르는 단순한 삶의 패턴도 사회적인 산물이라는 것을 알게 된다.

예로부터 인간은 한가한 때에 모의 사냥을 하거나 추격전을 벌이며 생존을 위한 적응력을 높여왔다. 놀이를 통해 위급 상황에 대비하는 것이다. 이야기는 삶의 다양한 모습을 다루기 때문에 이야기를 간접 경험함으로써 그런 상황에 대한 인지적 적응력을 강화할 수 있다.*

즉 소설 창작이라는 놀이를 통해 청소년들은 자신이 살아갈 세상에 대해 인지적 적응력을 키울 수 있다.

창의성을 키워준다

허구란 경험해 보지 않은 일을 그럴듯하게 그려내는 것이다. 이를 위해서 개연성이 필요하다. 핵심은 그럴듯한 설정과 인과관계이다. 학생들은 대부분 자신이 경험한 것을 중심으로 소설을 창작하는 경향이 있다. 알아야 제대로 쓸 수 있기 때문이다. 자기가 직접 경험한 사건이나 감명 깊게 읽은 소설이나 웹툰의 몇 가지 요소를 비틀어서 새로운 이야기로 만들어낸다. 자신이 경험한 것을 바탕으로 했다고 해서 허구가 작동하지 않는 건 아니다. 일부 요소를 바꾸더라도 상상력을 발휘할 여지는 넓고도 넓다.

가령 다이어트에 도전했다가 실패한 철호가 다이어트에 성공하는 이야기로 결말을 바꾼다면 어떨까? 결말을 바꾸기 위해서는 당연히 그 과정도 달라져야 하는데, 그처럼 달라진 과정은 철호가 경험하지 못한 일일 가능성이 크다. 물론 다이어트를 직접 실행했기 때문에 미루어 짐작할 수 있는 범위일 테지만.

* 브라이언 보이드, 《이야기의 기원: 인간은 왜 스토리텔링에 탐닉하는가》, 휴머니스트, 2013.

그리고 다이어트를 성공한 이야기로 바꾼다면 그 이유가 있을 것이다. 주변의 시선이라든가 자기 자신에 대한 불만 등 말로 표현되지 않았더라도 충분히 느낄 수 있던 일들이다. 피부로 느끼는 것과 언어로 표현하는 것은 전혀 다른 차원의 문제이다. 자신의 '느낌적인 느낌'을 언어로 표현하여 독자에게 전달하기 위해 학생들은 상황을 설정하고 그들의 말과 행동을 구체적으로 그려내게 된다. 그리고 이 모든 과정에서 상상력을 고도로 발휘하고, 그러는 동안 창의성은 알게 모르게 쑥쑥 성장한다.

성취감을 높여준다

학교에서 글쓰기 수업을 하고 나면 학생들은 부끄러워하면서도 자신이 쓴 글을 선생님에게 보여주고 싶어 한다. 수업 중에 글을 쓰는 학생 주변을 맴돌다 보면 결국 교사에게 제출할 글임에도 불구하고 보여주지 않기 위해서 팔로 애써 가리는 학생들이 있다. 그러나 글을 다 쓰고 나면 선생님이 이 글을 어떻게 읽었는지 몹시 궁금해하며 교사의 평가를 기다린다.

글쓰기에 대한 이런 이중적 감정은 자신이 쓴 글에 대한 애정에서 나온다. 자신이 열심히 쓴 글이기에 부정적인 평가를 듣고 싶지 않기 때문이다. 같은 이유로 누군가가 봐주고 즐겨주기를 바라는 것이기도 하다.

한 편의 글을 완성했을 때의 만족감은 이루 말할 수 없다. 하물며 소설 완성이 주는 성취감은 더 말할 필요가 없을 것이다. 한 사람의 인생을 창조하고 그가 겪는 사건을 구성하여 한 편의 이야기를 만들었는데 그 누가 기쁘지 않겠으며 자신의 작품에 애정을 갖지 않겠는가?

한 편의 글을 완성하여 느낀 성취감은 다음 글쓰기를 위한 동기로 자연스럽게 연결된다. 지속적인 글쓰기를 위해서는 피드백이 중요한데, 긍정적인 피드백이 학생들의 글쓰기에 더 발전적인 영향을 미친다. 학생의 글에서 잘못된 것을 지적하고 고칠 부분을 나열하는 피드백보다, 학생의 글을 읽으면서 경험한 긍정적인 감정을 언급하고 특히 인상적이었던 부분을 구체적으로 칭찬해 주면 좋다. 그리고 보완해야 할 것은 마지막에 덧붙인다. 예를 들어 이런 방식이다.

연주의 글을 읽으니 재미있고 감동적이었어. 특히 주인공이 사건을 해결하는 과정을 매우 현실적이면서도 긴장감 있게 보여주어서 좋았어. 인물들의 성격을 좀 더 구체적으로 드러내기 위해서 인물의 대화를 직접 인용하면 더 좋은 작품이 될 것 같아.

성격을 변화시키기도 한다

소설과 관련한 재미있는 심리학 실험이 있다.*

소설(픽션)을 읽은 독자와 논픽션을 읽은 독자의 성격 변화를 비교한 실험이다. 피실험자들은 안톤 체호프의 단편 〈개를 데리고 다니는 여인〉을 읽은 전후에 성격 검사를 받았는데, 소설을 읽은 후 성격에 약간의 변화가 있었다. 논픽션 독자에게는 보이지 않았던 결과이다.

이야기를 읽을 때 사람들은 등장인물에 동화되어 자신의 자아를 잠

* 조너선 갓셜, 《스토리텔링 애니멀》, 민음사, 2014.

시 내려놓고 소설 속 인물처럼 느끼고 사고하기 때문에 성격에 변화가 나타나는 것이다. 단편소설 한 작품을 읽었을 뿐인데도 성격의 변화가 보였다면, 소설을 꾸준히 읽었을 때 그 변화가 더 확연하리라고 예측할 수 있다. 그런 맥락에서 《천일야화》는 매우 상징적이다.

> 샤리아르 대왕은 왕비의 부정을 목격하고 그녀를 죽인다. 그리고 매일 밤 새로운 신부를 맞이하고 하룻밤을 보낸 다음 처단하는 학정을 일삼는다. 어느 날 대신의 딸 세헤라자데가 하루 왕비를 자청하여 입궁한다. 그녀는 새벽녘에 왕에게 이야기를 들려주기 시작하는데 아침이 되어도 그 이야기가 끝나지 않았다. 뒷이야기가 궁금했던 왕은 그녀를 죽이는 것을 하루 동안 보류한다. 이야기는 천 일 동안 계속 이어지고, 왕은 결국 세헤라자데를 왕비로 맞고 자신의 학정을 종결한다.

천 일 동안 매일 밤 모험, 용기, 사랑이 가득한 신비로운 이야기를 들으며 성격이 변한 왕이 여성에 대한 잔인한 보복을 멈췄던 셈이다. 이야기를 읽는 것만으로도 성격이 바뀌었는데, 직접 이야기를 창작하면 어떨까?

미래 사회를 살아갈 역량을 길러준다

미래 사회는 우리가 상상할 수 없을 만큼 변화할 것이다. 짐작조차 어려운 사회를 살아갈 아이들에게 어떤 역량이 필요할까?

먼저, 주체적으로 사고하고 능동적으로 행동할 수 있어야 할 것이다. 또 창의적이고 기발하고 혁신적인 생각들을 펼칠 수 있는 무한한 상상력도 필요할 것이다. 더불어 기계화되고 디지털화되어 대면 소통이 줄어든 세상에서, 인간의 가치를 소중히 여기고 타인의 삶에 공감하고 연대할 수 있는 따뜻한 감성도 중요하지 않을까?

인간의 삶을 바탕으로 상상력을 발휘하여 창의적으로 이야기를 만들어 나가는 소설 창작이야말로 이런 역량들을 키워주기에 제격이다.

그래서 소설 창작이다

영화 역사에서 가장 대표적인 시네필*로 유명한 프랑수와 트뤼포 감독은 영화를 사랑하는 세 가지 방법을 다음과 같이 제시했다.

① 같은 영화를 두 번 보는 것

② 영화평을 쓰는 것

③ 직접 영화를 만드는 것

영화를 직접 만드는 것이 영화를 사랑하는 마지막 방법이자 가장 본질적인 방법이다. 이것을 소설에 그대로 대입해 보면 어떨까? 같은 소설을 두 번 읽는 사람도 많고 소설에 대한 평을 쓰는 사람도 많다. 학생들도 그렇다. 이제 마지막 방법만 남았다. 소설을 사랑하는 가장 본질적인 방법은 바로 소설을 직접 써보는 것이다. 소설 창작은 소설을 더 사랑하고 이야기를 상상해 내는 고급 독자로 아이들을 성장시켜 줄 것이다.

* 시네필(cinephile): 영화 애호가 또는 영화광을 의미하는 프랑스어.

소설 창작은 미지의 땅을 개척해 나가는 탐험이자 인간과 세상에 관한 연구이다. 요즘 아이들은 스마트폰을 잠시도 손에서 놓지 않는다. 게임도 하고 인강도 듣지만, 더 많은 시간을 동영상 공유 사이트와 SNS에서 보낸다. 다른 사람들의 이야기를 궁금해하고, 자신의 이야기를 누군가와 나누고 싶다는 마음을 온몸으로 보여주고 있다.

앞서 언급한 많은 효용성을 차치하더라도 소설 창작은 그 과정이 매우 흥미롭고 재미있다는 점만으로도 의미가 있다. 학생들이 처음에 부정적인 반응을 보였다가도 본격적인 수업이 시작되면 창작 과정에 흠뻑 빠져드는 것도 이 때문이다.

누가 알겠나. 지금 내 앞에서 사건 구성과 인물 창조에 골몰한 녀석들 가운데 다음 시대를 풍미할 소설가가 탄생할지!

2부

소설 창작수업 어떻게?

모두 작가가 되는 단편소설 창작 수업 _윤수란

웹소설 쓰기 수업 _김병섭

모둠으로 연재소설 쓰기 _최인영

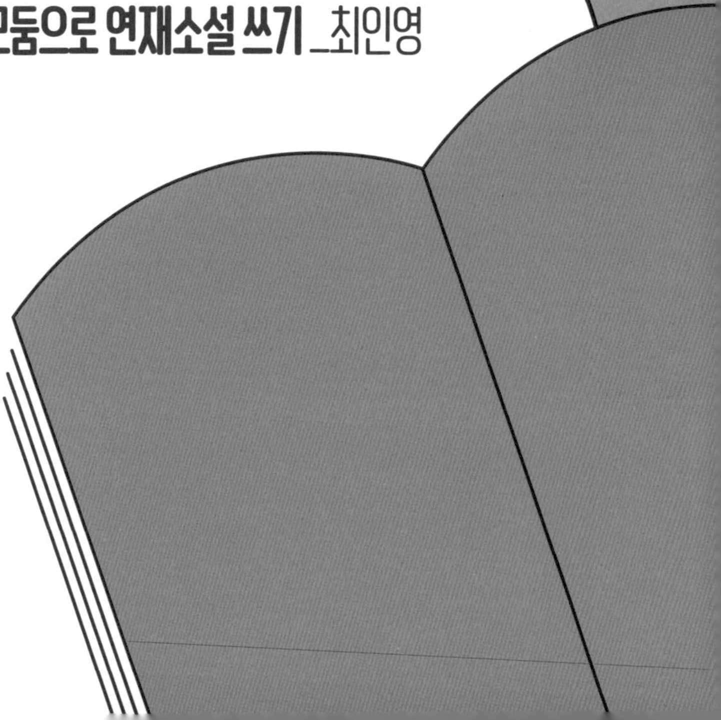

수업 사례 1 - 22차시 수업안

모두 작가가 되는 단편소설 창작 수업

윤수란

수업 개요

소설을 창작하겠다는 것은 매우 긴 시간 고뇌하겠다는 약속이다. 이야기의 씨앗을 붙잡아 소설로 완성하는 과정은 녹록지 않다. 쉽게 쓸 수 있는 소설은 없다.

그래서 수업 과정에 대한 고민이 필요했다. 소설 창작의 과정을 분화하여 학생들에게 제시했다. 각 단계의 필요성과 특성을 고민해서 학생들에게 안내하고 그들의 결과물에 적절하게 피드백을 해주어 완성도를 높여가는 수업은 10여 년에 걸쳐 천천히 완성되었다. 학생들이 게임 미션을 클리어하듯 각 단계를 마무리하면 어느새 소설이 창작되는 수업으로 정착되었다.

단편소설 창작 수업은 크게 네 단계로 구성된다.

1단계	1~5차시	놀이로 창작 준비하기	1. 창작 동기 유발하기 2. 상상력 놀이 3. 개연성 놀이
2단계	6~10차시	상상의 나래 펼쳐 이야기 구성하기	4. 픽사 피치로 이야기 구성하기 5. 시놉시스 구성하기 6. 인물 창조하기
3단계	11~20차시	작가처럼 소설 쓰기	7. 초고 쓰고 합평하기 8. 멘토 작품 분석하기 9. 2고 작성하기 10. 오탈자 정리하고 소설 완성하기
4단계	21~22차시	독자 되어 작품 공유하기	11. 함께 읽기 12. 출판기념회 하기

1단계에서는 상상력 놀이와 개연성 놀이를 통해 다양한 이야기를 떠올리고, 이야기를 이야기답게 만드는 개연성을 연습한다. 2단계에서는

이야기의 큰 골격을 잡고, 근육을 입혀 이야기를 구체화해 나가게 된다. 3단계에서는 본격적으로 소설을 창작하는데, 이때 친구들의 의견과 기성 작가들의 좋은 작품들을 참고하며 작품을 완성한다. 4단계에서는 학급 친구들의 작품을 함께 읽으며 출판기념회를 연다.

총 22차시로 구성했지만 시간이 충분하다면 일부 단계에 더 많은 시간을 투자해도 좋다. 상상력 놀이에 시간 투자를 더 할 수도 있고, 초고 쓰기에 더 많은 시간을 확보해도 좋다. 소설 창작에 22차시를 투자하기 어려운 경우에는 각 단계를 타이트하게 운영해도 좋고, 2단계와 3단계로 창작 수업을 집중적으로 운영할 수도 있다.

필요에 따라 각 단계를 발췌해서 활용해도 좋다. 창의적인 발상하기를 연습할 때는 1단계인 '놀이로 창작 준비하기'를 활용할 수 있다.

소설 읽기 수업에도 활용할 수 있는데, 학생들이 읽은 소설로 '시놉시스로 요약·정리하기'를 해볼 수 있다. 또 2단계의 '인물 창조하기'를 응용하여 기성 소설에 등장하는 인물의 이력서를 제작하여 인물 탐구를 진행할 수도 있다. 또 3단계의 '멘토 작품 분석하기' 활동으로 소설 분석 수업을 진행할 수도 있다.

네 단계를 처음부터 꼼꼼히 밟아나가면 어느새 단편소설 작품집을 손에 들고 행복해하는 학생들과 그들의 사진을 찍으며 감동하는 선생님 본인의 모습을 발견하게 될 것이다. 부디 많은 선생님들이 단편소설 창작의 네 단계를 활용해서 '예비 작가'인 학생들을 '이미 작가'로 탄생시키기를 고대한다.

1단계 놀이로 창작 준비하기

1. 창작 동기 유발하기

(1) 내가 좋아하는 소설

사람들은 이야기를 좋아한다. 학생들도 마찬가지다. 요즘도 '라떼는 말이야.'라며 교사의 중고등학교 시절 이야기를 해주면 귀를 쫑긋 세우며 반겨 듣는다. 영화를 보고, 소설을 읽고, SNS를 들락날락하는 이유도 사람들이 살아가는 이야기가 궁금해서이다.

이야기를 좋아한다고 해서 모두 이야기를 쓰고 싶어 하는 것은 아니다. 단편소설을 창작하겠다는 마음을 먹고 청소년기를 보내는 아이들이 몇이나 될까? 거의 없을 것이다. 하지만 교실에는 소설을 써보고 싶다는 포부를 간직한 학생도 있고, 이미 소설을 써본 학생들도 존재한다. 그러나 대부분의 경우, 소설 창작은 분명히 교사의 욕심이지 학생들의 욕망은 아닐 것이다.

그래서 단편소설 창작을 하기 전에 학생들과 동기 유발 차원에서 '내가 읽은 소설'에 대해 이야기를 나눈다. 모니터에 인터넷 서점 사이트를 열어놓고 그 학급에서 책깨나 읽는 학생들을 먼저 지목하여 그동안 읽은 소설 중에 가장 기억에 남는 책이 무엇이었는지 묻는다. 학생이 언급한 책을 바로 찾아서 표지를 보여주고 작가 이름도 확인한다. 학생에게 왜 이 책이 기억에 남는지, 어떤 점이 훌륭했는지 묻고 이를 다른 학생들과 공유하는 것이다.

살인 사건을 다룬 소설만 집중해서 읽는 학생도 있고, 무조건 로맨스 판타지만 읽는 학생도 있다. 《해리포터》와 같은 판타지소설도 인기가 많다. 학생들이 발표하는 책들이 교사 본인의 취향에 맞지 않는다 하더라도, 어떤 제재를 두지 말고 모두 수용하는 것이 좋다. 교사가 읽어보지 않은 책이라면 '흥미롭다'라거나 '궁금하다' 등의 피드백을 해주는 열린 자세가 필요하다.

친구의 발표를 들으면 다른 학생들도 기억에 남는 소설을 떠올리게 된다.

저는 소설을 읽어본 적이 없는데요.

소설을 즐겨 읽지 않는 학생이라면 초등학교 때부터 현재까지 국어 시간에 배우거나 읽은 소설 가운데 가장 기억에 남는 작품을 떠올려 보라고 한다. 부정적인 이미지로 기억하는 소설이어도 좋다. 왜 그 소설이 재미가 없었는지 질문하면서 재미있는 소설과 재미없는 소설의 결정적인 차이에 대해서도 함께 이야기를 나누어보면 좋다.

(2) 소설을 읽는 이유, 소설을 쓰는 이유

학생들이 자기가 읽었던 소설들에 대한 기억을 공유해 주면 다음과 같은 질문을 던져본다.

사람들은 왜 소설을 읽는 것일까?

이 질문에 학생들은 대체로 이렇게 답했다.

– 재미있으니까 읽죠.

– 소설을 읽으면 지루하지 않게 사회를 알게 되는 거 같아요.

– 지식을 얻는 건 아닌 것 같은데, 그래도 소설을 읽으면 좀 똑똑해지는 것 같아요.

이런 현답들이 또 있을까? 사실 가장 중요한 것은 '재미'이다. 소설은 행복해서 재미있고, 슬퍼서 재미있고, 달콤해서 재미있고, 스릴이 넘쳐서 재미있다. 그런데 그 재미는 별나라에서 툭 떨어진 것이 아니다. 소설은 사람들이 살아가는 사회에서 일어나고 해결되는 사건을 주로 다루고 있다. 비현실적인 이야기를 다루는 《해리포터》의 경우도 마찬가지다. 해리는 자기 출생의 비밀을 밝히기 위해 고군분투한다. 또 세상을 악으로 물들이려는 악한에 맞서기도 한다. 환상의 공간에서 마법을 사용한다는 점은 다르지만, 현재 우리 삶의 모습과 전혀 다르다고 말할 수 없다. 그래서 소설을 읽으면 스스로 인식하지 못하는 사이에 세상과 인간을 더 잘 이해하게 된다.

소설 안 읽는데요. 재미없어서요.

이런 대답을 하는 학생들이 가끔 있다. 그러면 힘이 좀 빠지기는 하지만 세상에는 다양한 사람이 존재하는 법이니 이 역시 받아들여야 한다.

소설보다 지식 독서를 좋아하는 사람도 있지. 그런데 아직 진짜 재미

있는 소설을 못 만나서 그럴 수도 있어. 곧 네가 푹 빠져서 읽게 될 소설을 만날 수 있기를 바랄게.

교사가 이렇게 여유롭게 대처하기 전에 주변 친구들이 큰 목소리로 외칠 수도 있다.

소설이 얼마나 재미있는데. 너, 이 책 한번 읽어봐!

한 반에 소설 애호가들이 몇 명쯤 있을 테니 그런 친구들의 도움을 받는 것도 소설 쓰기의 과정을 잘 시작하는 방법이 될 수 있다.

그렇다면 소설가들이 소설을 쓰는 이유는 무엇일까?

학생들에게 이런 질문을 던지면 학생들은 잠시 숙연해진다. 소설가의 입장을 생각해 본 적은 없기 때문이다. 편하게 추측해 보라고 대답을 독려한다.

재미를 주려고?
인생을 보여주려고?
상상을 하는 게 재미있는데 혼자만 보기 아까워서?

다 맞다. 말이나 표정으로 사람을 웃기며 재미를 주고 싶은 사람도 있고, 글이라는 수단으로 그렇게 하고 싶은 사람도 있다. 어떤 의미나 주제 의식을 꼭 전달하고 싶다는 생각에서 소설을 창작하는 사람도 있을 것이다. 그런데 가장 중요한 것은 '쓰고 싶어서'이다. 작가들은 자기 머릿속에 떠오르는 생각, 자기가 경험한 감정을 쓰고 싶어서 쓰는 사람들이다. 쓰지 않고는 못 배기는 사람인 것이다.

누구나 하고 싶은 이야기가 있고 남들에게 들려주고 싶은 이야기가 있다. 소설가 김영하는 누구나 책 한 권쯤은 쓸 수 있다고 말한다. 사람이라면 누구나 그 정도의 이야기는 가지고 있다는 것이다. '내가 살아온 이야기를 소설로 쓰면 10권짜리야.'라고 하는 어르신들의 말을 들으면 고개가 절로 끄덕여진다. 사람들은 종종 '아, 이런 내 생각(내 경험)을 글로 써보고 싶네.'라고 생각한다. 무릇 작가란 그런 생각이 들 때 쓰는 사람이다. 즉 쓰고 싶을 때 쓰는 사람이 바로 작가이다.

> 새로운 세계를 창조하고 인물을 만들어서 말하고 행동하게 하는 게 재미있어요.

소설을 써온 학생에게 왜 소설을 쓰냐고 질문했을 때 돌아온 대답이다. 쓰고 싶어서 썼고, 쓰다 보니 재미를 느낀 이 학생은 이미 작가이다.

단편소설 창작을 한다고 하면 괴성을 지르며 온몸으로 거부하는 아이들도 있다. 학생들이 거부해도 우리는 소설을 써야 한다. 소설을 쓸 것이다. 마음속에 뭉글거리는 이야기들을 밖으로 꺼내놓고 싶었던 순간들이 있었을 것이다. 그 순간을 현실로 만들어 보여줄 것이고, 그렇게 모두 작가가 될 것이다.

2. 상상력 놀이로 창작 준비하기

(1) 워밍업이 필요한 순간

모든 일에는 워밍업이 필요하다. 운동을 하기 전에 워밍업을 통해 몸을 데우고 유연하게 만들어야 다치지 않는다. 공부할 때도 책상을 치우고 어느 부분을 얼마나 공부할지 정한 뒤에 지난번에 공부한 내용들을 훑어보는 준비가 필요하다.

소설을 창작할 때도 워밍업이 필요하다. 굳은 머리를 말랑말랑하게 해서 상상력을 확장할 수 있도록 해야 한다. 학생들의 생활은 의외로 단조로워서 늘 학교, 집, 학원만 왔다 갔다 하기에 새롭고 다채로운 경험이 많지 않다. 그러나 상상까지 단조로운 것은 아니다. 내가 일상의 삶에서 결코 경험해 보지 못한 일들을 상상의 힘으로 얼마든지 창조해 낼 수 있다.

즉 상상력 놀이를 통해서 다양한 이야기의 씨앗들을 발견하도록 돕는 것이다. 시간이 충분하다면 다양한 상상력 놀이를 진행하면 좋다. 시간을 많이 확보하기 어렵다면 가볍게라도 상상력 놀이를 진행하는 것을 추천한다. 한 번이라도 상상을 통해 숨겨져 있던 이야기의 씨앗을 발견해 본 학생은 그 매커니즘을 이해하게 되므로 일상생활 중에서도 새로운 시각으로 다채로운 이야기들을 발견할 수 있다.

(2) 사진 활용하여 상상력 깨우기 ① – 숲속 외딴집

사진은 한순간을 포착한 정지 화면이다. 하지만 사진 한 장이 숨기고 있는 이야기는 많다. 사진을 활용하면 학생들의 상상력을 충분히 자극해서 재미있는 놀이를 할 수 있다.

먼저 집 사진을 하나 준비한다. 동네에서 흔히 보는 집의 사진보다는 일상적이지 않은 집의 사진을 준비하면 더 좋다. 학생들의 시선을 일상에서 비일상으로 단번에 이동시키기 때문이다. 집 사진을 보여주면서 학생들에게 묻는다.

1. 이 집은 어디에 있는 집인가요?
2. 이 집에는 누가 살고 있나요?
3. 누구와 함께 살고 있나요?
4. 왜 이곳에 살게 되었나요?
5. 그 존재는 어떻게 살아가고 있나요?
6. 그 존재는 무슨 생각을 하며 살고 있나요?

이 집은 울창한 숲 가운데 있다. 자동차가 다닐 수 있는 도로는 보이지 않는다. 키가 큰 나무가 그대로 데크를 관통하도록 만들었다. 그리고 자세히 보면 이 집에는 올라가는 계단이 없다.

이런 비일상적인 공간에 살고 있는 존재(사람일 수도 있고 아닐 수도 있다.)가 누구일지 상상하며 학생들은 흥분하기 시작한다.

> 이 집은 흙을 스치기만 해도 바로 죽게 되는 숲에 있다. 이 집에는 강인한 정신력을 가진 한 여자가 살고 있다. 그녀는 혼자 살고 있는데, 2025년 지구는 우주의 거대한 독성 물질 때문에 사람들이 거의 다 죽었다. 그녀는 나무에서 나무로 이동하며 숲의 동물을 사냥하면서 오직 목숨을 보전하기 위해 생존하고 있다.

학생들의 답변은 다양하다. 어디서 들어본 것 같은 내용도 있지만 전혀 새로운 이야기도 등장한다. 리얼리즘부터 판타지까지 거침없이 오간다. 사진 속 집의 특성상 판타지에 무게가 실리기도 한다. 호러와 스릴러가 가감 없이 등장하기도 한다.

> 이 집은 아무도 찾을 수 없는 숲속 한가운데 있다. 이 집에 살고 있는 사람은 연쇄 살인범이다. 그는 혼자 살고 있다. 사람들의 눈을 피해 이곳으로 숨어들게 되었다. 매일 살인을 하고 그 시체를 이 집에 쌓아두면서 살아간다. 매일 누구를 죽일까, 어떻게 죽일까만 생각하면서 살고 있다.

이런 이야기는 한 반에 한 번 이상은 등장한다. 누군가를 자꾸 죽이고 싶어 하는 아이들이 있다. 살인 사건을 다루는 매체를 많이 보고 자란 탓인지, 아이의 마음속에 풀지 못한 분노가 자리한 까닭인지는 모르겠다.

이때 가급적 학생들의 상상을 제한하지 않는 것이 좋다. 교사의 잣대로 아이들의 상상의 넓이와 범위를 한정하면 상상력 놀이를 하는 의미가 없어진다. 상상력 놀이는 다양한 상상을 통해 머리를 말랑말랑하게 하고, 일상적인 것만 고민하던 시야를 넓히는 데 그 목적이 있다. 위대한 이야기들도 '만약에'로 시작하는 작은 상상에서 시작된 경우가 많다.

위와 같이 상상한 학생에게는 보다 '훌륭한' 이야기로의 확장을 위해 다음과 같은 질문을 하는 것이 더 효과적일 것이다.

> 살인범이 사는 숲이라니 무시무시하네. 그런데 시체를 어떻게 옮기지? 시체는 무겁잖아. 그리고 전기도 안 들어오는 곳 같은데, 시체를 집 안에 보관하면 썩는 냄새를 감당할 수 있을까?

학생의 상상에는 공감을 표현하되, 더 훌륭한, 그러니까 더 완성도 있는 이야기를 만들어내기 위해 지적 사고를 자극하는 것이다. 우리의 목표는 상상이 아니라 소설 창작이다. 개연성 없는 소설은 미완성이나 다름없다. 어마어마한 상상도 개연성을 담보하지 않으면 작품으로서의 가치를 획득할 수 없다. 그러므로 상상의 범위를 제한하기보다는 더 완성도 있는 이야기가 될 수 있도록 자극하는 편이 낫다.

독특한 집 사진을 학생들에게 제시하는 이유는 외형만으로 다양한 상상을 자극할 수 있기 때문이다. 또한 집은 공간, 즉 어떤 인물이 살아 숨 쉬고 있는 공간이다. 공간을 먼저 제시하고 그 안에 살고 있는 인물을 상상하게 하는 것이다. 인물이 이 집까지 오게 되는 과정은 인물이 겪은 과거의 사건이다. 과거가 어떠어떠했기 때문에 이러한 현재가 있는 것이다. 그리고 현재 인물의 생활이나 고민은 다른 사건으로 연결될 수 있다.

이 활동 과정에서 '앞으로 인물에게 어떤 일이 일어날까요?'라는 질문을 던지지는 않았다. 학생들의 활동지를 검사하면서 피드백으로 그 질문을 던진다. 그러면 학생들은 이 인물이 앞으로 겪게 될 사건까지 상상하게 된다.

'숲속 외딴집'은 비일상적인 공간이기 때문에 학생들의 상상을 더 자극하고, 학생들을 낯선 세계로 단번에 이동시키는 힘이 있다. 홀로 바다 위에 떠 있는 집이나 동굴집 등도 그러하지 않을까.

(3) 사진 활용하여 상상력 깨우기 ② – 뒷모습이 말한다

인물을 제시하고 그 인물이 겪어온 과거와 현재를 상상하도록 하는 활동도 할 수 있다. 이때 인물의 뒷모습 사진을 이용하면 상상력의 폭이 더 확대된다.

이 활동은 개인적으로 해도 되지만 모둠활동으로 하면 더 재미있다. 모둠별로 사진을 하나씩 고르고(혹은 교사가 무작위로 줄 수도 있다.) 사진 속 인물들의 뒷모습만으로 그들의 이야기를 상상해 보도록 한다. 모둠에서 논의하는 과정에서 서로의 상상력이 자극될 수 있다.

여러 가지 뒷모습 사진

뒷모습 사진을 보면서는 아래의 질문에 대해 상상하도록 한다.

1. 이야기를 통해 전달하고 싶은 메시지는 무엇인가요?
2. 주인공은 누구인가요?
3. 주인공은 어떤 사건을 겪었나요?
4. 이 사진에 나온 시간은 언제이고 공간은 어디인가요?
5. 주인공은 왜 이런 뒷모습을 하게 되었나요?

이 활동에서는 전달하고 싶은 메시지를 먼저 설정하고, 그 메시지에 맞게 상상력을 동원한다. 사람의 얼굴이 보이지 않기 때문에 뒷모습과 주변 상황 등을 최대한 자세히 관찰해서 인물의 표정을 상상하고 심리를 파악해야 한다. 인물의 얼굴을 볼 수 없기 때문에 인물의 손짓, 발걸음, 옷차림, 인물이 존재하는 장소, 사진 전체의 분위기 등을 면밀히 관찰하는 것이다.

인물의 심리가 파악되면, 이 인물이 왜 그런 심리를 갖게 되었는지를 상상해야 한다. 이 세상 어떤 일에도 '그냥'은 없다. 인물이 기쁘다면 용돈을 많이 받아서 기쁠 수도 있고, 마음에 두고 있던 이성이 먼저 말을 걸어와서 기쁠 수도 있다. 인물이 슬프다면, 열심히 공부했지만 시험 성적은 오히려 떨어져서일 수도 있고, 애지중지하던 휴대폰을 떨어뜨려 박살이 났기 때문일 수도 있다.

이야기는 그 인물을 주인공으로 하여 주인공에게 이름을 부여하고 3인칭으로 지칭하여 이야기를 서술하도록 한다. 상상력 놀이를 하면서 소설 창작과 관련된 이론적인 요소를 설명하면 좋다. 학생들의 이해를 돕기 위해 교과서에 나온 소설이나 학생들이 잘 알고 있는 소설의 일부를 발췌해서 보여줄 수 있다.

사진 한 장을 놓고 모둠에서 함께 이야기를 지어야 하기 때문에 교실은 금방 왁자해진다. 교사는 모둠 사이사이를 돌아다니며 '흥미롭네.', '매력적인 이야기인데?' 등의 추임새를 넣어준다.

논의를 마치면 모둠에서 한 사람이 나와서 인물의 이야기를 들려주도록 한다. 사진을 프로젝터로 크게 띄우고 발표자는 그 앞에 앉힌다. 이때 키높이 의자(아일랜드 의자)가 있으면 좋다. 학생들에게 '이야기 의자'라고 소개한다. 학생들은 이야기를 상상하는 것을 힘들어하면서도 즐거워한다. 남들이 다 알 것 같은 이야기에는 관심을 두지 않고 새롭고 재미있는 이야기를 만들려고 노력한다.

그렇게 힘들게 지어낸 이야기를 발표하는 것은 다른 문제이다. 열심히 지어냈기에 여러 사람에게 들려주고 싶으면서도 발표하는 것을 꺼리기도 한다. 내가 열심히 지은 이야기가 친구들(청중이자 독자)에게 어떻게 다가갈지 확신이 없기 때문이다. 모둠별로 의논한 이야기도 마찬가지다.

학생들이 이야기를 발표할 때 '이야기 의자'를 제공하는 것도 그 때문이다. '이야기를 짓느라 수고했다, 너(너희)의 이야기를 경청하겠다, 너는 이야기 의자에 앉을 자격이 충분하다, 이야기 의자에 앉는 것은 네가 작가와 다름없다는 이야기다……' 이처럼 많은 의미를 담고 있다.

> 순구씨와 미자씨는 한평생을 함께 살았다. 그런데 그만 미자씨가 암에 걸리고 말았다. 순구씨는 이제 좀 살 만해졌는데 아내가 그런 몹쓸 병에 걸린 것이 너무 슬펐다. 젊었을 때 고생만 시키고 잘해준 것이 없는 게 후회되었다. 그래서 치료를 잘 받게 하려고 했다. 그런데 미자씨가 말했다. 자기 병은 자기가 잘 안다고. 죽을 날이 얼마 안 남았는데 병원에서 죽을 날만 기다리는 것은 싫다고. 그러니 치료보다는 자기의 마지막 소원을 들어달라고 했다.
>
> 미자씨의 소원은 여행이었다. 집안 형편 때문에 가보지 못한 신혼여행을 가자고 했다. 순구씨는 망설였다. 그러나 미자씨의 간절한 요청에 결국 지고 말았다. 미자씨와 순구씨는 가장 좋은 옷을 꺼내 입고 두 손

을 꼭 잡고 유럽 여행에 올랐다. 처음이자 마지막이 될 여행이었다.

(앞의 첫 번째 뒷모습 사진으로 만들어낸 이야기)

발표를 듣게 되는 학생들에게는 이야기를 경청해야 한다는 점과 다 듣고 나면 박수를 쳐주어야 한다는 점을 당부한다. 각 모둠이 다른 사진을 선택했기 때문에 학생들은 자신들 모둠의 사진과 이야기에 자부심을 가지면서 다른 모둠의 이야기에 호기심을 가진다. 그 호기심이 반드시 환호로 연결되는 것은 아니다. 발표를 듣고 궁금한 것을 질문할 수는 있으나 절대 야유하지 않기, 그것이 이야기 발표에 있어 가장 중요한 원칙이다.

(4) 사진 활용하여 상상력 깨우기 ③ – 신발이 말한다

사람이 아닌, 사람에게 속한 물건 역시 다양한 상상을 불러일으킨다. 사람들의 성격, 지위, 직업, 취향 등을 나타낼 수 있는 물건은 많지만, 생활과 직접적으로 관련이 있는 '신발' 사진으로 이야기를 지어볼 수 있다.

사람들은 집 밖을 나설 때 늘 신발을 신는다. 신발은 그 사람의 직업이나 라이프 스타일에 따라 선택된다. 오래된 신발과 새 신발이 주는 느낌도 다르다. 하이힐을 신은 여성의 발 사진과 운동화를 신은 여성의 발 사진도 전혀 다른 느낌을 준다. 신발 사진을 제시하고 역으로 인물과 인물이 처한 상황을 상상하게 하는 것이다.

역시 다양한 신발의 모습을 보여주고 모둠별로 선정해서 함께 이야기를 짓게 해도 좋고, 개인별 활동으로 진행한 뒤 결과를 공유해도 좋다.

그는 신입사원이었다. 훤칠한 키에 강아지상의 얼굴이었다. 직속 여상사는 그를 마음에 두고 회식 자리에서는 술을 따르게 했고, 은근히 스킨십을 했다. 그러더니 더 노골적으로 그를 유혹하기 시작했다. 그는 도망가고 싶었다. 하지만 어렵게 얻은 직장을 포기할 수 없었다. 회사 CEO에게 이 사실을 폭로하려고 했다. 그러다 그 여상사가 CEO의 딸이라는 사실을 알게 되었다. 점점 상사의 괴롭힘에 수치심을 느끼다 오늘 상사로부터 메시지를 받았다. ㅇㅇ호텔 1702호 저녁 8시.

그는 오늘 옥상으로 향한다.

신발을 벗어 들고 있는 사진에서는 이렇게 자극적이고 비극적인 스토리가 생성되기도 한다. 어떤 드라마에서 보던 이야기 같기도 하다. 이 이야기를 발표하던 학생은 흥분해서 이야기 의자에서 벌떡 일어나 웅변하듯 소리쳤고 청중 학생들의 반응도 폭발적이었다.

하이힐을 신은 사람과 고무신을 신은 사람이 나란히 배치되니 상상력을 더 자극한다. 왜 청바지에 고무신을 신은 사람과 강렬한 색상의 하이힐을 신은 사람이 함께 있는 것일까?

영화 〈베로니카의 이중생활〉(크쥐시토프 키에슬로프스키 감독, 이렌느 야곱 주연, 2004)에서 베로니끄는 사랑을 처음 시작하면서 자신의 가방을 뒤집어 그 속의 물건들을 상대에게 보여준다. 자신이 어떤 사람인지를 가방 속 물건들로 보여주는 것이다. 사람이 소유한 물건들은 그 사람을 대변해 준다. 신발은 소유물 이상의 의미가 있다. 신발 사진만 보더라도 그 신발을 신은 사람의 많은 부분을 추측할 수 있다.

추측 사이사이의 빈 공간은 상상으로 메꾸게 된다. 추측과 상상 사이에서 학생들은 인간에 대해 관찰하게 된다. 그리고 그동안 관찰해 온 다양한 인간 군상을 이야기에 대입하게 된다. 관찰은 이야기를 쓰는 데 가장 기본적인 기술이다. 학생들이 발표할 때 사진 속 단서들을 관찰하여 이야기에 적용한 경우, 그 부분을 구체적으로 언급하며 칭찬해 주고 이어서 '관찰'의 중요성을 얘기해 준다.

(5) 황당한 상상하기 – 검은 비닐봉지와 예쁜 선물상자

사진을 가지고 상상력의 물꼬를 트고 나면 더 황당한 상상에 도전해 볼 수 있다. 준비물이 필요하다. 검은 비닐봉지와 아주 예쁘고 화려한 선물상자. 사진으로 보여줘도 되지만 실물을 보여주면 더 효과적이다. 무언가가 담겨 있어 묵직해 보이는 검은 비닐봉지와 화려하게 꾸며진 선물상자를 눈앞에서 보여주며 학생들에게 주문한다.

> 이 비닐봉지(선물상자)에는 전혀 담겨 있을 것 같지 않은 것이 담겨 있어요. 그것은 무엇일까요? 그리고 그것은 어쩌다 이 비닐봉지(선물상자) 안에 들어가게 되었을까요?

검은 비닐봉지는 보통 저렴한 물건을 담는 데 쓰인다. 재래시장이나 트럭을 개조한 이동식 상점, 노점상 등에서 주로 사용된다. 격식이나 예의를 차릴 때는 사용되지 않는다. 손쉽고 편안하게 쓰이는 만큼 귀중품은 넣지 않는다.

화려한 선물상자에는 그에 걸맞게 소중하게 준비된 무언가가 담긴다. 꼭 값비싼 것은 아닐지라도, 받는 사람이 귀하게 여길 무언가를 담게 된다. 리본과 금박으로 장식된 상자에는 생일이나 결혼기념일 등을 축하할 목적의 선물이 담기게 된다. 백화점이나 고급 상점에서도 특별히 주문을 넣어야 화려한 선물상자에 물건을 담아준다.

유명 패션 디자이너에게는 예쁜 딸이 있다. 딸은 어렸을 때부터 뛰어난 외모와 몸매로 어머니의 피팅모델을 해왔다. 어느 정도 아이가 크자 어머니는 아이에게 자신의 브랜드의 공동대표 자리를 주었고, 아이는 일에 점점 더 빠지게 된다. 바쁜 부모는 피팅모델에 유명 브랜드 대표가 된 딸과는 일 외에 시간을 함께 보내지 못했고 딸은 부모와 즐거웠던 옛 추억을 떠올리며 그리워한다.
크리스마스가 다가오고 무엇이든 자신이 가장 원하는 것 하나를 받을 수 있는 상자가 딸에게 배달된다. 이를 본 딸은 설레는 마음으로 부모와 함께 상자를 열어보았다. 상자를 연 순간, 딸은 피팅모델을 하기 전으로 돌아가게 되었다. 과거로 돌아간 것이다. 딸이 가장 원했던 것은 과거로 돌아가 어린아이처럼 부모와 노는 것이었다.

이 학생은 무엇이든 소원을 들어주는 상자를 설정하고 순수했던 과거, 부모님께 사랑받고 있음을 느꼈던 지난 시간을 최고의 선물로 그려내고 있다. 그런데 비닐봉지와 선물상자 관련 이야기에서 공통적으로 가장 많이 등장하는 것은 신체의 일부이다. 다른 상상력 게임보다 유독 신체 훼손을 많이 시도한다. 사랑하는 사람의 손목이나 손가락도 나오고, 복수 대상의 머리도 나온다.

상상력 게임은 다양한 상상을 해보는 데 의의가 있기 때문에 이런 상상들을 막지는 않는다. 아이들에게 노출된 문화 콘텐츠들 가운데 그런 소재를 다루는 것이 많은 데다 친구들에게 호응을 끌어내고 싶어 더 자극적인 소재를 찾기 때문일 수도 있다. 포장재와 가장 이질적인 소재를 찾으라는 주문 때문에 살인을 택할 수도 있다. '선물인 줄 알았더니 피 묻은 ○○이었던 것이다.'로 반전을 주고 싶었을 것이다.

'죽이는 이야기'에 심취해 있는 아이들이 있다. 배꼽이 빠지게 재미있어서 '죽이는 이야기'가 아니라 말 그대로 누군가의 생명을 끊어놓기에 '죽이는 이야기'이다.

상상력 게임에서 윤리의식 등을 거론하면 당연히 학생들의 상상은 제한될 수밖에 없다. 가급적 허용적인 분위기를 만들어 학생들의 두뇌를 말랑말랑하게 해주면서 소재들의 바다에서 자유롭게 헤엄치게 하는 게 좋다.

실제로 단편소설로 창작할 소재를 찾고 시놉시스를 구성할 때는 작품의 수위를 조절하는 방법이 있다. 이는 뒷부분에서 자세히 설명할 것이다. 그러니 일단 상상력 놀이 시간에는 별다른 제한 없이 상상의 날개를 펼칠 수 있게 판을 깔아주도록 하자.

3. 개연성 놀이로 창작 준비하기

(1) 이야기의 필수 요소를 연습하는 시간

일상적인 생각에서 벗어나 다양한 상상을 경험해 본 학생들은 어서 소설을 창작하고 싶어 한다. 그러나 한 가지 단계가 더 남아 있다. 바로 이야기를 그럴듯하게 만드는 개연성을 연습하는 것이다.

개연성은 그럴듯한 인과관계를 뜻한다. 인과관계가 분명하지 않으면 독자들은 그 이야기를 진실로 받아들이지 않는다. 물론 소설은 꾸며낸 이야기지만 그럴듯한 인과관계를 만들어 인간 삶의 모습을 형상화하기 때문에 진실하게 느껴지는 것이다.

상상력 놀이에서는 다소 말이 안 되더라도, 즉 인과관계가 불분명하더라도 학생들의 자유로운 상상을 받아들여 주었다면, 개연성 놀이 시간에는 학생들 스스로 '정말 그럴듯한가?' 되묻게 한다. 이 과정을 통해 학생들은 자신이 쓰고자 하는 이야기가 허황된 상상이 아니라 진실성 있는 이야기로 완성될 수 있도록 하는 안목을 갖추게 된다.

(2) 단.문.감. – 단어와 문장과 감정

이 활동은 결말을 먼저 상정하고 그에 맞는 원인을 밝혀나가는 활동이다.

첫 번째 단계는 사물을 하나 고르고, 그 단어를 활용해서 문장을 만든 뒤에 감정을 넣어 그 문장을 읽는 것이다.

구체적 사물을 하나 선정하는 것은 쉽다. 그 사물로 문장을 만드는 것도 어렵지 않다. 학생들에게 직접 선정한 단어로 문장을 만들게도 하

순서	제안	활동 결과
1	주변에 보이는 사물 중에 하나를 고르세요.	휴대폰
2	그 사물로 '나'가 어떤 동작을 하는 문장을 완성하세요.	나는 휴대폰을 열어 전화를 걸었다.
3	이 문장을 기쁘게 한 번, 슬프게 한 번 읽어 보세요.	(기쁜 목소리로 읽는다.) (슬픈 목소리로 읽는다.)

지만 운명처럼 만난 단어로 문장 만들기를 시키기도 한다. 이때는 전체 학생들에게 단어를 메모지에 쓰게 한 뒤 수합하여 그 단어들을 학생들에게 다시 무작위로 나누어준다. 이때 나에게 찾아온 단어가 '운명 단어'이다. 생각지도 못했던 '운명 단어'를 활용하여 문장을 만들게 하는 것이다.

학생들이 쑥스러워하는 부분은 바로 문장에 감정을 넣어 읽는 부분이다. '나는 휴대폰을 열어 전화를 걸었다.'라는 문장을 기쁜 목소리로 한 번, 슬픈 목소리로 한 번 읽게 하는 것이다. 마치 연극을 하는 것처럼. 이때 교사가 먼저 시범을 '잘' 보이면 좋다. 아이들은 연극배우처럼 과장되게 감정을 넣어 문장을 읽는 교사를 보며 키득거린다. 그러면서 마음의 준비를 한다. 자신의 문장을 어떻게 읽을 것인지.

학급에서 가장 쾌활하고 활동적인 학생을 먼저 지목하는 것도 좋다. 그럴듯하게 감정을 넣어 읽는 학생에게는 작은 사탕이나 젤리를 선물하면 다음 학생도 더 적극적으로 감정을 넣어 읽기에 임한다. 두 감정의 차이가 잘 드러나지 않게 읽은 학생에게는 재도전의 기회를 주기도 한다.

나는 주먹으로 창문을 깼다.

나는 책을 북북 찢었다.

나는 내 빰을 때렸다.

이런 문장들은 딱 봐도 기쁘게 낭송하기가 어렵다. 이 문장을 만든 학생들은 기쁘게 낭송할 때 안쓰러울 정도로 괴로워하기도 한다. 문제는 낭송이 아니라 다음 단계이다.

다음 단계는 낭송한 감정 문장이 결말이 되도록 이야기를 만드는 활동이다. 모든 학생이 감정 문장을 낭송하고 나면 교실이 왁자해질 수도 있다. 교사는 이제 진짜 미션이 시작된다는 것을 학생들에게 알린다.

지금 여러분이 감정을 넣어 읽은 그 문장이 이야기의 결말입니다. 같은 문장이지만 기쁜 목소리로 읽은 것은 기쁜 이야기의 결말이고, 슬픈 목소리로 읽은 것은 슬픈 이야기의 결말입니다. 이제 각 결말의 앞에 두세 개의 문장을 추가해서 이야기를 완성하세요. 기쁜 이야기 하나, 슬픈 이야기 하나를 만드는 것입니다.

교사는 학생들이 선택하지 않은 단어로 문장을 만들고, 그 문장을 결말로 하는 이야기 두 개를 보여준다.

기쁜 이야기	슬픈 이야기
– 오늘 나는 그렇게 가고 싶었던 회사에서 최종 합격 연락을 받았다. – 대학 졸업 후 3년 동안 기다려준 남자 친구에게 이 소식을 알려야 했다.	– 엄마가 퇴근하고 집에 계실 시간인데 집이 너무 조용했다. – 불길한 마음에 안방 문을 여니 엄마가 쓰러져 있는 게 보였다.
– 나는 휴대폰을 열어 전화를 걸었다.	– 나는 휴대폰을 열어 전화를 걸었다.

다음과 같은 문장을 쓴 학생들의 고뇌는 더욱 깊어진다.

나는 주먹으로 창문을 깼다.

나는 책을 북북 찢었다.

나는 나의 뺨을 때렸다.

온 힘을 다해서 기쁘게 창문을 깰 수밖에 없었던 이유를 찾는다. 본인이 왜 기쁘게 책을 북북 찢어야 했는지 원인을 찾아 나선다. 실제로 자신의 뺨을 때리며 이런 문장을 쓴 것을 후회하기도 하지만 미션을 달성하기 위해서는 '그럴듯한 이유'를 찾는 수밖에 없다.

기쁜 이야기	슬픈 이야기
우리 집은 50년도 더 된 낡은 집이다. 드디어 이 집을 부수고 새집을 짓는다고 했다. **나는 주먹으로 창문을 깼다.**	그놈이 나를 또 때렸다. 하지 말라는 말은 하지도 못하고 또 당했다. **나는 주먹으로 창문을 깼다.**

결국 아이들은 해낸다. 물론 집을 다시 짓기 위해 철거를 하는데 꼭 주먹으로 창문을 깨야만 하느냐고 반문할 수도 있지만, 이 정도 개연성을 확보했으면 훌륭하다고 손뼉을 쳐줄 만하다.

현실에서는 우연적인 일들이 수시로 발생한다. 하지만 소설에서는 우연적인 일이 발생하면 독자들이 작품의 수준을 의심한다. 결론을 먼저 상정한 뒤에 그 결론에 맞춰 개연성을 확보해 나가는 과정에서 학생들은, 이야기가 이야기다울 수 있는 힘인 개연성의 중요성에 대해 인식하게 된다.

(3) 왜? 왜? 왜? – 이유 파고들기

이 활동 역시 결론을 제시하고 이유를 파헤쳐 나가는 활동이다. 결론 문장을 제시하고, 자꾸 왜냐고 묻는다. 동일한 결론 문장에 대해 가장 많은 '왜'를 채우는 사람에게 작은 선물을 준다.

역시 교사가 시범을 먼저 보이면 좋다.

> 나는 지금 배가 고프다. 왜?
> 오늘 하루 종일 아무것도 안 먹었거든. 왜?
> 밥 먹을 시간도 없을 만큼 바빴거든. 왜?
> 하루 종일 컴퓨터 앞에서 작업을 했거든. 왜?
> 최애 아이돌의 생일파티에 가져갈 플래카드를 만들었거든. 왜?
> 최애 아이돌 현장 팬미팅에 가게 되었거든. 왜?
> 최애 아이돌이기 때문에 앨범 20개를 샀거든. 왜?
> 최애 아이돌을 실물로 꼭 보고 싶었거든. 왜?
> 최애 아이돌을 한 번만 보면 내 모든 슬픔이 사라질 것 같았거든. 왜?
> 내 절친도 최애 아이돌이 같아서 함께 팬미팅에 가자고 약속했지만 절친은 팬미팅에 갈 수 없거든. 왜?
> 내 절친은 갑자기 교통사고를 당해서 죽었거든. 왜?
> 밤에 늦게 학원에서 집에 가는 길에 음주운전 차량이 달려들었거든. 왜?
> ⋮

결론 문장을 먼저 제시하고 학생들이 '왜?'를 외치면 PPT로 한 문장

한 문장 나타나게 해서 이야기를 엮어간다. 아이돌 이야기에서 시작해서 앨범을 20장 샀다는 내용이 나오면 일부 학생은 현실적이라고 공감하지만, 일부는 무분별한 과소비라며 고개를 가로젓는다. 그러다 친구의 죽음이 나오면 학생들은 낮은 탄성을 지르며 안타까워한다. 최애 아이돌을 꼭 봐야만 하는 이유에 감정적으로 공감하기 때문일 것이다.

학생들에게 준 결론 문장은 '나는 오늘 학원에 가지 않았다.'이다. 학생들에게 '왜?'를 채울 시간을 주고 10개를 가장 먼저 채운 학생부터 이야기 의자에 앉아 발표하게 한다. 이때도 함께 '왜?'를 외쳐주면 좋다.

나는 오늘 학원에 가지 않았다. 왜?
엄마와 싸웠기 때문이다. 왜?
엄마는 늘 나에게 관심이 없기 때문이다. 왜?
엄마는 일이 너무 많아서 나를 신경 쓸 겨를이 없기 때문이다. 왜?
나와 동생을 키우려면 마땅한 경제력이 필요하기 때문이다. 왜?
그래야 나와 동생, 가족이 더 행복할 수 있기 때문이다. 왜?
엄마는 우리가 잘 되기를 원하기 때문이다. 왜?
우리를 사랑하기 때문에 우리 일이 잘 풀리기를 원한다. 왜?
엄마보다는 잘살았으면 하는 마음 때문이다. 왜?

자꾸 왜냐고 물으면 학생들은 깊은 곳에 숨어 있는 본질적인 문제에 다가선다. 최애 아이돌의 팬미팅에 무리를 해서라도 가야 하는 이유가 절친과의 약속을 지키기 위해서였고, 엄마가 나에게 관심이 없는 듯 보이지만 그것은 사실 나의 미래를 위해 더 많은 일을 해야 하기 때문이다.

결론 문장의 이유에 대해 다시 이유를 찾는 것은 개연성을 확보해 나가는 방법이다. 그러면서 학생들은 상상력을 발휘하게 된다. 상상력이란 보이지 않는 것을 생각해 내고, 존재하지 않았던 것을 고안해 내는 힘만이 아니다. 눈에 보이지 않는 사람의 심정이 어떠할지 미루어 짐작해 보는 것도 상상력의 중요한 측면이다. 타인의 감정이 상하는지도 모르고 막말하는 사람들이 있다. 내가 내뱉는 말로 인해 듣는 사람의 마음이 얼마나 아플지 미루어 짐작하지 못하는 것이다. 심지어 나의 이익이나 기쁨을 위해 다른 사람을 해치기도 한다.

'왜? 왜? 왜?' 활동은 학생들로 하여금 개연성을 확보하면서 보이지 않는 것들을 상상하게 하고, 결국 문제의 본질에 다가서게 한다. 보이지 않는 사람의 마음을 상상하게 하면서 말이다.

(4) 노래에서 찾은 이야기

아이들은 늘 귀에 이어폰을 꽂고 있다. 좋아하는 음악을 듣고 또 듣는다. 학생들이 즐겨 듣는 노래에는 대부분 가사가 있다. 노래 가사는 소설보다는 시와 닮아 있지만, 또한 화자가 처한 상황이나 화자가 겪은 사건, 현재 심경 같은 정보도 담겨 있다. 즉 이야기가 숨어 있는 것이다.

학생들에게 즐겨 듣는 노래를 한 곡 선택하게 한 뒤 노래 가사를 필사하도록 한다. 가사를 손으로 적으면서 그 내용과 의미를 더 꼼꼼히 음미하게 하는 것이다. 가사에 어떤 정보가 담겨 있는지 파악한 뒤에 상상력을 보태어 하나의 이야기로 재탄생시킬 수 있다.

얼핏 보면 상상력 놀이 같지만, 상상력과 함께 노래 가사 속 숨은 정보들을 종합해서 화자의 현재 상황을 그럴듯하게 이야기로 설명해 내야 하는 활동이다.

처음 교실에서 학생들과 한 이야기 창작 수업이 '노래 가사로 소설 쓰기'였다. 노래 가사에서 주인공을 뽑아내고, 사건과 그 해결 과정을 상상하여 이야기로 완성했다. 아이들은 이야기성이 돋보이거나 자신의 심정을 잘 표현하는 노래를 골라 뼈대를 찾아내고 살을 입혔다. 이런 활동도 의미가 있지만, 개인의 완전한 창작물이 아니라는 점에서 한계가 있다. 그래서 '노래에서 찾은 이야기'를 개연성 놀이의 한 방법으로 다루게 되었다.

여러분이 좋아하는 노래 한 곡을 골라보세요. 그리고 노래 속 화자가 어떤 경험을 했기에 이런 이야기를 하는지 구체적으로 적어주세요. 주어를 '그, 그녀, 나' 등으로 하여 완결된 문장으로 표현하세요.

다음은 이 활동의 실제 결과물 가운데 하나이다.

- 노래: 나랑 도망가자(밍기뉴)
- 내용: 너를 잃고 나만 살아남으면 슬픔뿐일 테니 이 세상으로부터 나랑 함께 도망가자는 내용

조선시대 사람인 그녀는 전장에 나가는 그를 사랑하고 있다. 그녀와 그는 서로 사랑하는 사이였지만 전장에 나가는 그 때문에 불안했다. 그녀의 불안에 답하듯 그는 전장에서 많은 상처를 입고 돌아왔다. 그

런 그를 보고 그녀는 자신과 함께 떠나자고 말한다. 하지만 그는 국가를 위해 전장에 나가야 하는 사람이기 때문에 그녀의 제안을 쉽게 받아들이지 못한다. 그녀는 그를 설득하고자 "당신이 죽으면 세상도 저도 슬퍼할 거예요. 혹시나 우리가 이별한대도 마찬가지일 거예요."라고 말한다.

그는 그녀의 말에 함께 이 세상으로부터 떠나기로 결심한다. 하지만 나라에서는 군사인 그를 감시하고 있었기에 그녀와 그는 국가의 배신자, 즉 적이 되고 만다. 그러자 그는 더 이상 도망갈 수 없다는 생각에 사로잡혀 매우 불안해한다. 또한 아무런 힘도 없는 그녀가 한순간에 나라의 적이 되자, 이러다가는 그녀를 잃을 수도 있다고 생각한다. 그는 그녀에게 "우리가 만약 위험해진다면 나는 당신을 반드시 살릴 것이오."라고 말한다. 그의 말을 들은 그녀는 그를 빤히 바라본다. 그녀가 입을 떼 그에게 말한다. "혹시 나만 살아남아도 세상은 당신을 잃어 슬퍼할 거예요." 그러고는 그를 보며 슬프게 웃었다.

개연성 놀이도 상상력 놀이처럼 시간을 충분히 들여 진행하면 좋다. 이미 소설, 드라마, 영화, 애니메이션 등을 보며 개연성의 중요성과 필요성, 개연성이 부족할 때 독자(시청자)가 느끼는 당혹감을 학생들은 잘 알고 있다. 그러나 내가 개연성이 잘 확보된 이야기를 쓸 수 있는가는 다른 문제이다. 선생님이 수학 문제를 풀어줄 때는 다 이해가 되지만 막상 나 혼자 문제를 풀려고 하면 꽉 막히는 것과 같은 이치다.

내가 소설로 창작하고 싶은 이야기가 무엇인지 계속 고민하세요.

상상력 놀이와 개연성 놀이를 진행하면서 학생들에게 계속 안내한다. 교사의 안내가 아니더라도 상상력을 통한 확장과 개연성 확보를 위한 수렴을 동시에 경험하면서 학생들은 어떤 이야기를 써야 할지 고민한다. 어떤 이야기를 쓰고 싶은지, 어떤 이야기가 재미있을지를 말이다. 상상력 놀이와 개연성 놀이는 굳어 있던 학생들의 상상력을 작동하게 하고, 그럴듯한 이유를 덧붙여 이야기를 이야기답게 만드는 좋은 활동이다. 동시에 학생들로 하여금 '나는 무슨 이야기를 쓰고 싶은지'를 탐색하게 하는 시간이 된다.

상상력 놀이를 통해 머리를 말랑말랑하게 한 뒤 개연성까지 확보하면 이제 자신만의 이야기를 만들기 위한 기본 준비는 끝난 셈이다.

4. 픽사 피치로 이야기 구성하기

(1) 소재 찾기

학생들은 상상력 놀이와 개연성 놀이를 하면서 이런저런 이야기를 만들고 부수고 다시 짓고 하면서 본인이 소설로 쓸 소재를 찾게 된다.

> 잘 모르는 대상에 대해서는 잘 쓰기 어려우니 내가 잘 아는 대상이나 사건을 선택하세요.

작가들은 몰랐던 세계에 대해서 작품을 쓰기도 한다. 취재와 공부를 통해서. 그러나 학생들이 소설 창작을 위해 취재와 공부를 하는 것은 쉽지 않다. 창작에 할애할 수 있는 시간이 많지 않기 때문이다. 필요할 경우 책이나 인터넷에서 자료를 탐색하기도 하지만 모든 학생들에게 이를 요구하거나 기대하기는 어렵다.

잘 모르는 세계나 사건, 인물에 대해서 글을 쓰면 이야기가 피상적으로 흐를 가능성이 크다. 그래서 학생들에게는 자신이 잘 아는 대상으로 범위를 좁혀보라고 한다.

내가 직접 경험한 사건, 우리 가족에게 일어났던 일, 내 친구가 겪은 것도 좋다. 야구나 축구를 좋아하는 학생이라면 스포츠 선수가 등장하는 소설을 쓸 수도 있다. 사회적인 문제에 관심이 많은 학생이라면 우리 사회의 사건이나 사고, 혹은 사회적 이슈를 소재로 선택할 수도 있다. 추리소설 마니아라면 수사가 필요한 범죄로 이야기를 지을 수도 있을 것이다.

자신이나 자신의 주변에서 일어났던 일을 소재로 선택할 경우, 다음의 표처럼 육하원칙에 맞게 그 사건을 정리하고, 인물의 성별이나 나이, 사건의 결말 등을 바꾸어 허구적인 이야기로 변환할 수 있다.

	원래 경험	단편소설
언제	초5 겨울	중2 겨울
어디서	서울 은평구에 있는 초등학교 교실	서울 은평구에 있는 중학교 교실
누가	내가	A군이
무엇을	좋아한다는 고백을	좋아한다는 고백을
어떻게	A군에게 초콜릿을 주며	나에게 초콜릿을 주며
왜	5학년 첫날부터 A군에게 반했기 때문에	2학년 첫날부터 나에게 반했기 때문에

일부 학생들은 상상력 놀이, 개연성 놀이에서 생각해 낸 이야기를 소재로 선택하기도 한다. 낯선 집에 대한 고민, 사진에서 받은 영감, 음악에서 떠오른 이야기, 말도 안 된다고 생각했던 상상이 이야기 씨앗이 되어 찾아드는 것이다.

소재를 선택하는 최종 순간에 다시 한번 학생들에게 강조한다.

> 내가 하고 싶은 이야기를 하나 선택해 보세요. 내 경험 중 가장 재미있었던 일, 황당했던 일, 행복했던 일, 괴로웠던 일 중 하나를 선택해도 좋아요. 그동안 상상해 왔던 일 중의 하나를 선택해도 좋습니다. 다만, 내가 잘 아는 대상이 아니면 이야기가 모호하고 추상적으로 흐를 가능성이 커서 허황되게 느껴질 수 있습니다.

그리고 학생들에게 두세 문장으로 자신이 하고 싶은 이야기를 서술하도록 시간을 준다.

내가 소설로 쓰고 싶은 이야기는 ....

....

....

(2) 사람들을 사로잡는 이야기 구조, 픽사 피치

소설의 소재를 찾았으면 다음은 이야기의 틀을 잡는 과정이 필요하다. 아직 학생들의 머릿속에는 이야기가 두루뭉술하게 떠다니는 상황이므로 이것을 명확하게 잡아주어야 한다.

이때 픽사 피치를 활용한다. 픽사 피치는 유명 애니메이션 스튜디오 '픽사(Pixar)'의 이야기 구조이다. 피치(pitch)는 '정점, 최고조'를 뜻한다. 즉 픽사 피치는 사람들에게 감동과 재미를 선사하기에 가장 적절한 최고조의 이야기 구조를 의미하는 것이다.

옛날에(Once upon a time): 주인공 소개

매일(Everyday): 주인공의 일상이자 현실

어느 날(One day): 1차 사건(문제) 발생

그래서(Because of that): 사건 해결을 위한 1차 노력, 그러나 2차 문제 발생

그래서(Because of that): 2차 문제 해결을 위한 노력

마침내(Untill finally): 결말

픽사스튜디오에서 제작한 영화들을 탈탈 털면 위와 같은 6단계의 뼈대만 남는다. '옛날에'와 '매일'은 주인공의 일반적인 성격과 일상을 보여준다. '어느 날'에 사건이 시작되고 '그래서' 이 사건을 해결하기 위해 노력을 하지만, 또 한 차례의 위기를 만나게 되고, '그래서' 또 다른 노력을 통해 '마침내' 어떤 결말에 이르는 구조이다. 픽사의 유명 애니메이션 〈토이 스토리〉의 픽사 피치는 다음과 같다.

옛날에 카우보이 인형 우디가 살았어.

매일 앤디와 놀며 신나는 하루하루를 보냈지.

어느 날 앤디가 우주전사 버즈를 선물로 받게 되자 우디는 앤디의 사랑과 관심을 빼앗기고 말아.

그래서 우디와 버즈는 앤디의 사랑을 독차지하기 위해 서로 다투다가 악동 시드의 손에 잡혀 망가질 위기에 처하게 돼.

그래서 시드에게서 탈출하기 위해 애를 쓰다 다른 장난감들과 함께 시드를 혼내주게 되지.

마침내 힘을 합쳐 시드의 손에서 벗어난 우디와 버즈는 가까스로 이사를 떠나는 앤디네 차를 따라가서 앤디에게 돌아갈 수 있게 돼.

주인공에게는 일상이 흔들릴 만한 사건(어느 날)이 발생하는데, 그 사건은 주인공의 일상(옛날에, 매일)과 연결되어 있다. 그리고 주인공은 그 사건을 해결하기 위해 노력하지만 단번에 짜잔 하고 해결하지는 못한다. 사건 해결을 위한 노력이 또 다른 문제를 발생시켜 주인공은 다시 한번 문제 상황에 직면하게 된다.

주인공의 일상을 접한 관객은 주인공에게 사건이 벌어지면 문제가 해결되기를 바란다. 주인공이 새로운 문제에 직면하게 되면 독자의 몰입도는 더 커져서 그 위기가 본인에게 닥친 것처럼 느끼게 되고 주인공을 더욱 응원하게 된다. 마침내 주인공이 모든 문제를 해결하면 관객 역시 안도감을 느끼게 되는데, 이때 주인공이 겪는 정신적 성장을 함께 경험하기도 한다.

실제로 〈토이 스토리〉에서 우디는 버즈에게 앤디의 사랑을 빼앗겨 위기를 느끼지만 여러 고난을 함께 경험하며 버즈와 둘도 없는 친구가 되어 진한 우정을 나눈다. 관객들도 처음에는 우디의 허전함과 소외감에 함께 마음 아파하지만 결국 버즈에게도 마음을 내어주고 애정을 느끼게 된다.

(3) 픽사 피치 활용의 장점

픽사 피치를 활용하면 학생들이 이야기의 구조를 좀 더 단단하게 세울 수 있다.

보통 학생들에게 이야기를 만들라고 하면 하나의 사건 혹은 감정에 빠져 이야기를 두루뭉술하게 떠올리는 경우가 대부분이다. 이야기는 순간의 감정, 예를 들면 이별의 슬픔이나 새로운 사랑의 달콤함에서 시작할 수는 있지만 그 감정들만으로 이야기가 완성될 수는 없다. 누구에게 어떤 사건이 생기는지, 그 사건을 경험하며 주인공은 어떤 노력을 하는지, 그 노력 중에 주인공은 어떤 감정을 느끼고 성장해 가는지, 그리고 결국 사건은 어떻게 끝이 나는지를 구체적으로 떠올리지 못한다.

픽사 피치의 6단계를 채워나가면서 학생들은 자기가 쓰고 싶은 이야기를 더욱 분명하게 구상하게 된다. 특히 인물과 사건에 대해서 논리를 갖추게 된다.

픽사 피치의 6단계를 처음부터 능숙하게 정리해 나가는 학생도 있지만 그렇지 못한 학생들도 많다. 낯선 이야기 구조이기 때문이다. 이럴 때는 학생들에게 본인의 경험을 차용해서 '픽사 피치로 자기 소개하기'를 해보게 하면 좋다.

픽사 피치 6단계에 맞게 자신의 삶의 한 부분을 표현해 보는 것이다. 먼저 교사의 경험을 픽사 피치로 구성해서 제시해 주어도 좋다.

옛날에 ○○여고에 다니는 커트 머리 여학생이 있었어.

매일 등굣길에 지하철역에서 만나는 대학생 오빠를 보는 것이 큰 낙이었지.

어느 날 그 여학생이 늦잠을 잤어. 학교에 늦는 것보다 그 오빠를 못 보는 것이 더 가슴 아팠지.

그래서 그 여학생은 뛰고 또 뛰었어. 계단을 서너 개씩 뛰어올랐는데 오빠는 이미 지하철에 타고 있었고 지하철 문은 닫히고 있었어.

그래서 초인적인 힘을 발휘해서 지하철까지 뛰어 지하철 문에 손가락을 끼워 넣었지. 그리고 문을 힘껏 열었어.

마침내 지하철 문은 열렸고, 오빠와 나란히 서서 학교에 가게 되었지만 손가락 두 개로 지하철 문을 열며 힘자랑을 한 것이 부끄러워서 다음 날부터는 버스로 통학을 하게 되었어.

사실 이 이야기는 친구의 경험을 차용한 것이다. 매일 아침 학교에

오면 지하철에서 만난 대학생 오빠에 대해서 이야기를 해주던 친구가 있었다. 오늘은 그 오빠가 체크무늬 셔츠를 입었다는 둥, 그 오빠가 머리를 잘랐다는 둥 시시콜콜한 이야기가 여고 교실에 활력을 불어넣었다. 그런데 어느 날 그 친구가 대학생 오빠와 같은 지하철을 타기 위해 지하철 문을 손가락 두 개로 열었다고 고백했다. 그 이야기에 친구들이 썸남 앞에서 차력쇼를 하면 어떡하냐며 타박을 했다. 친구의 이 이야기가 오래 기억에 남아 내 이야기처럼 학생들에게 예시로 들어주었다. 등굣길의 풋풋한 낭만과 시트콤 같은 사건에 학생들은 열광했다.

따지고 보면 큰일도 아닌데 잊히지 않는 기억들이 있다. 재미있거나 슬프거나 황당하거나 놀라운 순간들. 소소한 삶의 순간들을 픽사 피치의 6단계로 표현하면서 이 이야기의 구조에 익숙해지게 할 수 있다. 픽사 피치로 자기 소개하기는 거대한 사건이 일어나지 않더라도 삶의 순간을 어떻게 포착하여 이야기로 구성하는지가 소설 창작에서 중요하다는 것도 인식시킬 수 있다.

(4) 픽사 피치로 이야기 구성하기

픽사 피치로 이야기를 구성하기 전에 학생들에게 다시 한번 다음과 같이 안내한다.

> 내가 하고 싶은 이야기를 하나 선택해 봅시다. 내 경험 중 가장 재미있었던 일, 황당했던 일, 행복했던 일, 슬펐던 일, 괴로웠던 일에서 하나를 선택해도 좋습니다. 상상해 왔던 일 중의 하나를 선택해도 좋습니다. 다만 내가 잘 아는 이야기가 아니면 이야기가 추상적이라 재미가

없고 허황되게 느껴질 수 있습니다. 그럼, 내가 소설로 쓰고 싶은 이야기는 무엇인가요?

한 학생이 이 질문에 대한 답으로 '경쟁, 친구 관계'를 적었다. 다음은 그 학생의 픽사 피치이다.

옛날에 피겨를 좋아하는 ○○이가 있었다. 우연히 피겨스케이팅을 하는 사람을 본 후에 ○○이는 피겨를 좋아하게 되었다. ○○이의 눈에는 피겨를 하는 사람들은 모두 백조처럼 보였다. ○○이는 어린 나이였지만 본인이 피겨를 좋아한다는 것을 알게 되었고 자신이 상상하는 미래의 모습엔 항상 피겨 선수가 된 자신의 모습이 있었다.

매일 넘어지고 멍이 들어가며 피겨를 연습했고 어릴 때부터 꾸준히 연습해 온 ○○이는 대회에 나갈 때마다 좋은 성적을 거두었다. ○○이는 이번 중등피겨대회에서 1등을 할 수 있을 것이라고 자부했다.

어느 날(대회 당일) ○○이는 심하게 긴장한 탓인지 여러 번의 실수를 반복하였고 결국 등수 안에 들지 못하고 경기를 마치게 되었다. 이번 대회의 1등은 자신보다 피겨를 늦게 시작했음에도 항상 칭찬받고 우수한 성적을 내는 △△이에게 돌아갔다.

그래서 ○○이가 좌절감과 열등감에 사로잡혀 링크를 빠져나가는데 한 여자가 상심하지 말라며 위로해 주었다. ○○이는 바닥에 떨어져 있는 스케이트를 발견했다. 새것처럼 보이는데 주인 없이 버려진 스케이트가 아까워 집으로 가지고 갔다. 다음 날 아이스링크에서 그 피겨 스케이트를 타는데 평소보다 더 잘 타지고 턴도 잘 되는 느낌이었다.

그래서 ○○이는 새 스케이트로 각종 연습을 하고 기술을 익혔다. 하지만 이 스케이트를 신으면 실력이 급격히 늘었지만 어릴 때 원하던 자기만의 아름다운 피겨가 아니었다. 심각하게 갈등하던 ○○이는 결국 그 스케이트를 아이스링크장에 놔두고 간다.

마침내 자신의 실력을 믿으며 성적에 연연하지 않고 노력한 ○○이는 온갖 경기에서 우수한 성적을 거둔다. 그리고 이런 ○○이에서 밀려난 △△이는 홀로 아이스링크장에 남아 불안하고 화난 마음을 추스른다. 그때 △△이의 눈에 반짝이는 스케이트가 들어온다.

이야기가 제법 형태를 갖춘 픽사 피치이다. 경쟁과 친구 관계, 자기와의 싸움 등을 피겨스케이팅 선수의 이야기로 형상화해 놓았다. 하지만 꼼꼼히 읽어보면 빈 곳이 보인다. 가장 중요한 것은 '스케이트가 어디서, 왜 생겨난 것인가?' 하는 것이다. 난데없는 행운이 나타나는 우연은 독자들에게 신뢰를 주기 어렵다. 이런 피드백은 교사가 해주어도 좋지만 학생들끼리 서로 나누게 해도 좋다.

(5) 합평으로 이야기 만들어가기

처음 쓰는 소설이 완벽할 수는 없다. 할 수 있는 한 이야기를 다듬고 표현을 정교하게 해서 그럴듯한 작품을 만들어야 한다. 작품이 잘 나올수록 학생들의 만족도는 더 높아지고, 그동안 힘들게 단편소설을 써온 노고를 보상받을 수 있기 때문이다.

사실 학생들은 자신의 작품을 '폭망했다', '쓰레기다', '오글거린다' 등으로 표현하지만 마음으로 본인의 작품을 무척 아낀다. 객관적으로 잘 쓰지 못했어도 상관없다. 자기의 작품이니까 그냥 좋은 거다. 그럼에도 불구하고 조금이라도 더 좋은 작품을 만들기 위한 노력은 필수적이다. 취미로 하는 것이 아니라 수업 중에 일어나는 교육 활동이니까. 그리고 나중에 작품을 읽고 평가하는 교사에게도 보람이 필요하니까.

학생들의 작품을 더욱 소설답게 하기 위해서 교사가 세부적인 피드백을 해주는 것도 필요하다. 하지만 교사 혼자 애쓸 필요는 없다. 모둠 안에서 협력이 일어나도록 하면 학생들은 서로의 상호작용 속에서 이야기를 더욱 정교하게 다듬어간다.

픽사 피치를 작성하고 나면 모둠 안에서 자신의 픽사 피치를 발표하도록 한다. 친구의 픽사 피치를 들으면 일단 박수를 보내주어야 한다. 재미있거나 인상적인 부분을 이야기해 주면 더 좋다. 그리고 보완이 필

요한 부분에 대해서는 질문을 하도록 한다.

- 새 스케이트는 어디에서 온 거야? 누가 만든 거야?
- 새 스케이트에는 마법의 힘이 있는 거야?
- 주인공은 새 스케이트를 신고 실력이 느는 것을 느꼈는데, 왜 새 스케이트를 버리는 거야?

학생들은 소설을 쓰는 것에서는 초보이지만 소설을 읽어온 경험이 많고 드라마와 영화로 단련되어 있기에 이야기에 대한 안목은 상당하다. 질문을 받은 학생은 설명되지 않았지만 머릿속에 구상하고 있던 내용을 설명할 수 있다. 만일 머릿속에 구상되지 않은 질문을 받았다면, 어떻게 보완할 것인지 고민해 볼 수 있다. 친구들에게 질문을 받았지만 어떻게 이야기를 풀어야 할지 뚜렷한 방향이 보이지 않을 때는 친구들에게 조언을 구할 수도 있다.

이렇게 서로의 이야기에 대해 의견을 나누는 과정을 합평이라고 한다. 보통 글을 함께 쓰는 사람들은 초고를 가지고 합평하는 경우가 많은데, 학생들은 소설을 처음 쓰기 때문에 픽사 피치의 단계에서부터 합평을 진행한다.

내가 구상한 이야기를 발표하는 것은 부끄럽지만 설레는 일이다. 내 작품에 대해서 친구들이 의견을 개진해 주는 것은 속이 상하기도 하지만 고마운 일이기도 하다.

소설은 혼자 쓰는 것이다. 하지만 이런 협력적인 과정을 통해 혼자서는 가기 힘든 길을 끝까지 갈 수 있다.

5. 시놉시스 구성하기

(1) 시놉시스란

시놉시스는 소설이나 영화 같은 서사물의 줄거리나 개요이다. 출판사에 장편소설을 투고할 때도 시놉시스를 동봉한다. 이 작품이 어떤 작품인지 이해시키는 소개서의 역할을 하는 것이다.

단편소설을 쓸 때 시놉시스를 구성하는 이유는 이야기를 더욱 분명하게 구상하며 구체성을 확보해 나가기 위함이다. 또 계획 없이 쓸 때 맞닥뜨릴 수 있는 낭패함을 방지하기 위함이다.

계획 없이 소설을 쓰면 결과물은 발단 부분만 길고 장황하다가 뒤로 갈수록 급하게 이야기를 끝내는 가분수형 작품이나 이야기가 일관된 흐름 없이 이상한 방향으로 전개되다 흐지부지 끝나는 삼천포형 작품으로 나올 가능성이 크다.

학생들 대다수가 소설을 처음 쓰는 신인이다. 소설 쓰기 수업을 진행하는 교사 역시 소설을 한 번도 써보지 않았을 가능성이 크다. 픽사 피치로 이야기의 뼈대를 만든 후에 시놉시스에서 구체적인 스토리를 잡아 이야기를 구체화시키면 하고자 하는 이야기를 소설로 안전하게 완성하는 데 도움이 된다.

(2) 시놉시스 작성하기

시놉시스를 작성하기 전에 다음을 다시 한번 정리하도록 한다.

- 이 작품을 통해 전하고 싶은 메시지는 무엇인가요?

- 이 작품에서 주된 사건은 무엇인가요?
- 이 작품의 주요 등장인물은 누구인가요?

내가 쓰려고 하는 글의 주제를 글의 맨 처음에 적어놓고 시작하면 글을 쓰는 과정에서 방향을 잃지 않아서 좋다. 시놉시스는 소설이 구체화되는 중요한 과정이므로 내가 쓰고자 하는 소설의 내용을 요약적으로 정리한 뒤에 작성해야 한다.

시놉시스는 소설의 줄거리이므로 소설의 흐름과 같이 구성한다.

발단	전개	절정	결말
인물이 등장함. 배경이 드러남. 사건이 서서히 시작됨.	사건의 본격적으로 전개됨. 인물 사이의 갈등과 긴장이 나타나기 시작함.	인물 사이의 갈등이 최고조에 이름. 사건 해결의 실마리가 보임. 주제가 부각됨.	주인공의 운명이 결정됨. 갈등과 긴장이 해소됨.

픽사 피치에서 뼈대를 잡은 이야기를 시놉시스로 구체화할 때 주의해야 할 것은 사건이다. 발단에서 바로 사건이 시작하도록 해야 한다. 즉 픽사 피치의 '어느 날' 부분이 발단에 드러나야 한다.

소설에서 가장 중요한 것은 사건이다. 사건은 인물에게 갈등을 유발하기 때문에 중요하다. 갈등이 없는 소설은 재미가 없다. 성격도 재능도 외모도 빼어난 사람이 자신과 똑같이 성격도 재능도 외모도 완벽한 배우자를 만나 결혼하여 문제라고는 하나도 없는 행복한 삶을 살아가는 이야기가 있다면 아무도 그런 이야기에 관심을 기울이지 않을 것이다.

그리고 우리는 단편소설을 창작하는 과정에 있다. 장편소설을 쓴다면 발단에 주인공에 대한 일반적인 정보들을 제시해 주어도 무방할 것이다. 그러나 단편소설은 다르다. 앞부분에 주인공이 누구이며, 어떻게 살아왔는지, 매일 어떤 생각을 하며 지내는지를 보여주면 소설이 필요 이상으로 길어지고, 독자들은 지루해서 작품을 던져버리고 말 것이다. 단편소설의 발단은 바로 사건이 시작되는 지점이다. 그래야 작품이 생동감 있게 진행될 수 있고 독자들은 바로 작품에 빠져들 수 있다.

그렇다면 픽사 피치의 앞 두 단계 '옛날에'와 '매일'은 어떻게 해야 할까? 주인공이 누구인지 밝히며 그가 어떻게 살아왔는지는 버려도 될까? 아니다. 버릴 것을 왜 힘들게 썼겠는가? 주인공의 역사는 매우 중요한 요소이다. 그 역사가 있었기에 '어느 날'의 사건도 발생할 수 있다. 하지만 그것을 전면에 내세우지 않는다. 주인공의 역사와 일상은 사건이 전개되는 과정에서 주인공의 말과 행동으로 자연스럽게 드러내면 된다. 주인공이 어릴 때 겪었던 사건을 전개나 절정 부분에서 회상으로 제시할 수도 있다.

단편소설은 '어느 날' 주인공에게 벌어진 사건으로부터 시작해야 한다. '옛날에'나 '매일'의 내용으로 시작하면 작품이 필요 이상으로 길어진다. 불필요하게 긴 이야기는 지루하기 십상이다. 작가도 독자도 만족하기 위해서 단편소설은 사건으로 바로 시작해야 한다는 점을 꼭 기억해 두자.

앞에 제시한 시놉시스 표의 각 단계의 칸의 크기가 다르다. 이는 분량을 고려하라는 뜻이다. 앞부분만 길고 뒷부분으로 갈수록 황급하게 이야기를 수습하는 가분수형 글이 되지 않게 하기 위해서 각 단계의 분량을 시각화하여 제시한 것이다.

활동지는 A4를 가로 방향으로 하여, 발단과 결말은 좁게, 전개와 절정은 넓게 만든 표를 제공한다. 전개와 절정의 칸을 넓게 하여 인물 간 혹은 인물 내 갈등을 구체적으로 그려내도록 한다. 구체적으로 그려낸다는 것은 장면으로 보여주라는 뜻이다.

'주인공은 친구들과 싸웠다.'라는 하나의 문장은 설명이다. 설명은 많은 것을 압축적으로 제시하기 때문에 흐름이 빠르다. 절정에서는 이 싸움의 장면을 구체적으로 보여줘야 한다. 누가 먼저 주먹을 날렸는지, 그 주먹에 맞은 아이는 어떤 반응을 보이는지, 어떤 대화들이 오고 가는지, 싸움의 승패는 어떻게 나는지 등을 장면으로 보여줘야 한다.

> A가 주먹을 날렸다. 주먹에 맞은 B의 얼굴은 심하게 일그러지며 오른쪽으로 돌아갔다. 잠시 후 고개를 든 B는 주먹으로 A의 코를 강타했다. A는 뜨겁고 찝찔한 액체가 입으로 흘러 들어오는 것을 느꼈다.
>
> "으앙~ 엄마!"
>
> A는 울음을 터뜨렸다.

발단은 정확하게 몇 퍼센트의 분량으로 써야 하는가, 전개와 절정은 각각 몇 퍼센트의 분량이어야 하는가 하는 법칙은 세상 어디에도 없다. 기성 작가의 어떤 작품은 발단과 결말 부분이 길어도 몰입감과 재미를 준다. 하지만 우리는 신인 작가이므로 전체적인 균형을 지키며 작품을 쓰는 것이 안전하다. 표의 넓이에 따라 이야기를 채워 넣다 보면 자연스럽게 균형이 맞춰진다. 그리고 시놉시스를 보며 초고를 작성할 때도 글의 균형을 잊지 말라고 당부한다.

(3) 시놉시스 구성 사례

- 이 작품을 통해 전하고 싶은 메시지는 무엇인가요? 가족애
- 이 작품에서 주된 사건은 무엇인가요? 소년의 기운 폭주
- 이 작품의 주요 등장인물은 누구인가요? 소년(15세), 백호(산의 수호신), 이무기

발단

소년이 평소처럼 산속 폭포로 능력 개방을 위해 수련을 나갔다가 이무기를 만남. 이무기가 소년의 능력을 더 빨리 개방시키려고 자신의 기운을 주입하자 소년의 기운이 폭주함.

전개

백호가 기운을 느끼고 달려와 겨우 기운을 틀어막고, 소년은 기절함. 화가 난 백호가 이무기를 죽이려 했으나 이무기는 이미 사라짐. 백호

는 소년을 집에 데려다 놓고 이무기를 죽이러 떠남. 소년이 눈을 떴으나 언제나 눈을 뜨면 자신의 곁에서 웃어주던 백호가 보이지 않음. 소년은 버려졌던 과거의 트라우마가 떠오르자 숨 쉬기 버거워하며 큰 혼란에 빠짐.

절정

소년이 혼란스러워할 때 백호의 눈을 피한 이무기가 다시 찾아옴. 이무기는 백호 대신 소년의 심장을 노리며 소년을 먹어 치우려 함. 그때 소년이 깨어나길 기다리며 잠시 자리를 비웠던 백호가 돌아옴. 백호가 왔다는 걸 눈치챈 이무기는 소년을 잡아 인질로 삼음. 이무기는 다시 백호를 노리며 백호를 협박함. 심장을 달라고. 과거의 백호라면 소년을 버렸을 테지만 너무나도 소중해진 소년을 포기할 수 없어 순순히 심장을 주겠다고 함. 이무기가 백호를 먹으려 입을 벌렸을 때 소년의 눈에 그 장면이 들어옴. 그 짧은 순간 수많은 감정들이 떠오르며 백호에게 손을 뻗었는데 그때 소년에게서 강한 빛이 뿜어져 나옴.

결말

그 강력한 빛은 이무기를 삼키며 순식간에 가루도 안 남게 만듦. 놀란 백호는 소년을 확인하고 싶었으나 여전히 밝게 빛나는 빛 때문에 눈을 뜰 수 없음. 겨우 눈을 뜨니 소년의 주위로 수호신들이 모여듦. 놀란 백호가 무슨 일인지 물어보려 했을 때, 소년의 기운이 몇천 년 동안 공석이었던 군주의 기운임을 느낌. 수많은 수호신들은 가장 밝게 빛나는 소년을 멍하니 지켜봄.

가족애를 보여주고 싶다고 했는데, 이 학생이 말한 가족은 혈연으로 맺어진 관계는 아니다. 버려진 소년이 백호의 손에 키워지고, 그 과정에서 이기적이고 냉철했던 백호가 소년을 사랑하게 되어 소년을 위해 죽음을 결심하게 되는 이야기다. 소년 역시 자신의 능력이 어디까지인지 모르다가 아버지와도 같은 백호가 위기에 처하자 엄청난 능력을 발휘하며 자신의 정체성을 깨닫게 된다.

시놉시스만으로는 소년이 어디서 어떻게 태어났고, 왜 버려졌으며, 백호와는 어떻게 인연을 맺게 되었는지 드러나지 않는다. 이 부분은 합평을 통해 보완할 수 있도록 한다. 이 시놉시스에서는 소년이 이무기를 만난 사건의 장면에서 이야기를 시작하고 있다. 우리가 궁금한 소년의 트라우마, 백호와의 관계 등은 전개와 절정에서 드러나게 될 것이다.

6. 인물 창조하기

(1) 캐릭터가 이야기를 끌고 간다

드라마를 보면 주인공 옆에 주인공의 성격과 반대되는 친구가 꼭 등장한다. 주인공이 조용하고 차분한 성격이라면 주인공의 친구는 쾌활하고 명랑하거나 때로는 방정맞기까지 하다. 전혀 다르기 때문에 성격이 더 분명하게 두드러지고 극에 활기를 불어넣을 수 있다.

한 법정 드라마가 있었다. 주인공은 자폐스펙트럼을 가진 천재 변호사이다. 주인공은 자폐스펙트럼 때문에 주변 사람들과 친밀한 관계를 형성하기 어려워한다. 반면, 주인공의 친구는 처음 보는 사람에게도 전혀 거리낌 없이 다가간다.

한 사건이 벌어졌을 때 주인공과 그 친구의 반응은 각기 다르다. 성격이 다르고 살아온 환경이 다르기 때문이다. 작가들은 종종 '캐릭터가 이야기를 이끌어간다'는 말을 한다. 인물의 성격과 역사를 잘 설정해 놓으면 어떤 사건에 처했을 때 인물이 제 성격대로 행동하게 되기 때문이다.

즉 인물을 설정하는 것은 매우 중요하다. 인물의 성격에 따라서 극의 분위기가 달라질 수 있고 사건의 해결 과정과 결과가 달라질 수 있기 때문이다.

(2) 등장인물 만들기

인물을 설정하기 전에 학생들과 인물에 대한 기본적인 개념을 공유하면 좋다.

어떤 집단의 대표적인 성격을 띠는 전형적인 인물과 한 집단에 속해 있으면서도 그 집단 사람들의 일반적인 특징과는 구별되는 성격을 지닌 개성적인 인물이 있다. 전형적인 인물이 등장하면 작품에 안정감을 주지만, 어디서 본 듯 식상하고 뻔하게 느껴질 수 있다. 개성적인 인물이 등장하면 신선하게 느껴지고 호기심을 불러일으키지만, 인물에 공감을 느끼지 못해 그 심리를 따라가기 어려울 수도 있다.

또 소설의 중심에서 사건을 작가의 의도대로 이끌고 가려고 노력하는 주동인물과 그에 반해 움직이는 반동인물이 있다. 주동인물이 너무 세면 작가의 의도가 고스란히 드러나서 결말이 예상되고, 반동인물이 너무 강하면 이야기의 결말이 엉뚱하게 날 수 있다.

인물을 설정할 때는 인물에게 전형성과 개성을 조화롭게 부여하면 좋다. 주동인물과 반동인물도 서로 균형을 이룰 수 있도록 설정하면 좋다.

이 내용들을 설명해도 학생들이 그대로 적용하여 인물을 설정할 수 있는 것은 아니다. 다만 내 소설에서 매력적으로 살아 숨 쉬어 독자들의 공감을 얻을 수 있는 인물을 창조하기 위해 고민해 보는 경험이 중요하다.

(3) 인물 이력서 작성하기

인물을 설정할 때 구체성을 부여하기 위해서 다음과 같은 이력서를 작성하도록 하면 좋다.

<table>
<tr><td rowspan="4">얼굴 그림
(최대한 자세히)</td><td>이름</td><td></td><td>나이</td><td></td></tr>
<tr><td>성별</td><td></td><td>출생지</td><td></td></tr>
<tr><td>주소
(주거 환경)</td><td colspan="3"></td></tr>
<tr><td>가족 관계</td><td colspan="3"></td></tr>
<tr><td>외형적 특징</td><td colspan="4"></td></tr>
<tr><td>성격적 특징</td><td colspan="4"></td></tr>
<tr><td>말투</td><td colspan="4"></td></tr>
<tr><td>별명과 이유</td><td colspan="4"></td></tr>
<tr><td>대인 관계</td><td colspan="4"></td></tr>
<tr><td>직업(하는 일)과
능숙도</td><td colspan="4"></td></tr>
</table>

가장 중요하게 여기는 것	
가장 두려워하는 것	
사건과 관련해서 충돌하는 두 속마음	

각 항목은 가감할 수 있으나 가급적 모든 항목을 최대한 구체적으로 적는 것이 좋다.

인물의 얼굴이나 외모도 그림으로 그려보게 한다. 얼굴 표정은 어떠한지, 머리 스타일은 어떤지, 어떤 옷을 어떤 방식으로 입는지 등에서 인물의 성격이 드러나기 때문이다.

모든 인물에 대해서 인물 이력서를 작성해 주면 좋겠지만 그것은 쉬운 일이 아니다. 주인공에 대해서 인물 이력서를 작성한 뒤에는 주변 인물들과 주인공의 인물 관계도를 그려보게 한다.

인물 관계도는 사건 속에서 인물들이 어떤 관계를 맺고, 어떻게 갈등을 일으키며 그것을 어떻게 풀어내는가를 설명하는 도표이다. 주인공을 중심에 놓고 주변 인물을 배치한 뒤 인물들 간의 관계를 화살표로 표시하고 설명을 추가하도록 한다.

• 주인공을 중심에 놓고 주변 인물을 배치하세요. • 주변 인물의 이름을 쓰고 성격을 설명하세요. • 주인공과 주변 인물의 관계를 화살표로 나타내고 그에 대한 설명을 쓰세요.
→ : 일반적 관계(일방) ↔ : 일반적 관계(쌍방) ⇝ : 갈등 관계 ↝ : 좋은 관계

인물 관계도 예시

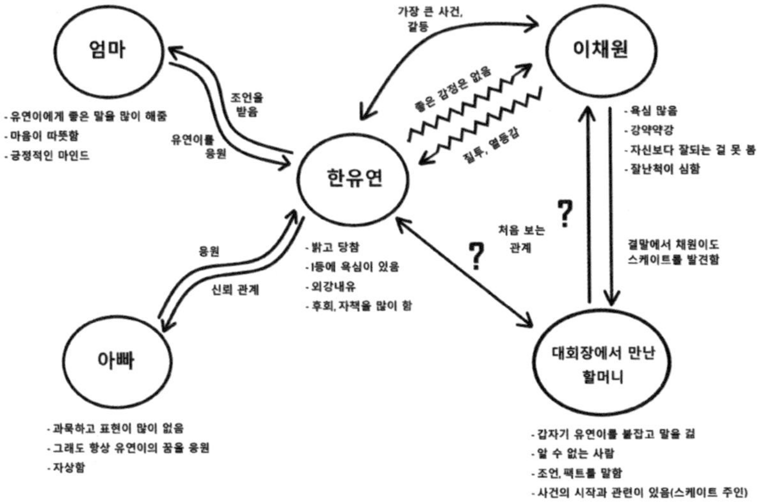

인물 관계도를 그릴 때는 주변 인물들의 성격과 특징을 적도록 하면 좋다. 주변 인물 중 주인공과 맺는 관계의 긴밀성과 사건에서의 중요도에 따라 크기를 크게 하거나 주인공과의 거리를 조절해 줄 수 있다.

등장인물 관계도를 그리면 작가가 구현하고자 하는 이야기가 더 정리될 수 있다. 사건은 주인공만의 문제가 아니다. 사건이 발생하고 해결되어 가는 과정에서 주인공은 다른 인물들과 관계를 맺게 된다. 이 관계가 갈등의 관계일 수도 있고 협력이나 조력의 관계일 수도 있다. 인물 관계도에는 사건에 대한 인물들의 입장과 태도가 드러나게 되므로 필요한 단계이다.

7. 초고 쓰고 합평하기

(1) 준비물이 필요하다

초고를 쓰기 위해서는 준비물이 필요하다. 바로 시놉시스와 인물 이력서. 두 가지 재료를 컴퓨터 옆에 잘 놓아둔다. 그러고 보니 컴퓨터도 필요하다.

초기에 학생들과 단편소설 쓰기를 할 때는 학교 컴퓨터실 외에는 컴퓨터를 사용할 수 있는 방법이 없었다. 손으로 A4 2~4쪽의 글을 쓴다는 것이 아이들에게는 거의 고문 수준의 형벌이었다. 시간이 흐를수록 학생들이 손글씨 쓰기를 힘들어하는 정도가 더 심해졌다.

이제 학교에 다양한 형태의 디지털 디바이스들이 보급되어서 긴 글을 쓸 때 유용하게 활용할 수 있다. 컴퓨터를 사용해서 소설을 쓸 때는 교사가 학생의 글을 볼 수 있는 공유 드라이브를 활용하는 것이 좋다. 초고를 쓰고 난 뒤에는 학생들끼리도 서로의 작품을 보고 의견을 주고받아야 하므로, 공유 드라이브는 모두에게 열려 있어야 한다. 공유 문서의 경우 다른 사람이 내 글을 편집하거나 삭제할 수도 있기 때문에 안전장치가 필요하다. 아이들이 나쁜 의도가 없었다 하더라도 친구의 글을 읽다가 실수로 일정 부분(혹은 그 이상)을 삭제할 수도 있기 때문이다.

그래서 다음과 같은 원칙을 정리해서 학생들과 공유한다.

① 공유 드라이브에 글을 쓸 것

② 글을 쓴 뒤에는 다운을 받아 따로 저장해 놓을 것(USB 사용, 이메일로 자기 자신에게 보내놓기, 클라우드 저장소 이용하기 등)

③ 친구의 글은 합평 시간에만 보고, 작품에 손을 대지 않도록 조심 또 조심할 것

이제 시놉시스와 인물 이력서를 다시 한번 꼼꼼히 살펴보고 초고 쓰기를 준비한다.

(2) 초고는 무조건 빨리 쓴다

어니스트 헤밍웨이는 원고 수정을 여러 차례 꼼꼼하게 하기로 유명했다. 불후의 명작 《노인과 바다》는 100번 이상 고쳐 쓴 것으로 알려져 있다. 그의 어록 1번은 바로 "모든 초고는 쓰레기다."이다. 그렇다면 쓰레기를 만들 필요가 있는가? 있다. 쓰레기로부터 작품을 만들어내면 되기 때문이다.

초고를 쓰게 될 때 학생들은 무척 긴장하면서도 매우 즐거워한다. 이 순간을 위해 길고 긴 연습과 준비를 해왔기 때문이다. 컴퓨터 앞에 앉아 키보드에 손가락을 대면 글이 자동으로 써질 것 같은 착각을 느끼기 마련이다. 하지만 막상 컴퓨터 화면을 대하면 껌뻑이는 커서보다 더 자주 눈을 껌뻑이는 학생들을 발견하게 된다.

이번 장의 제목은 '초고 쓰기'이다. 말 그대로 초고. 여기서 작품이 탄생하고 끝나는 것이 아니다. 학생들에게는 공을 들여 한 번 쓰는 것보다 빨리 쓰고 나서 여러 차례 고치는 것이 작품의 완성도를 높이는

데 훨씬 좋다는 것을 인식시킨다. 그리고 작품을 쓸 때는 무조건 빨리 쓰도록 안내한다.

말이 쉽지, 빨리 쓰라고 한다고 빨리 쓸 수 있는 노릇은 아니므로 심적으로 소설 쓰기에 몰입할 수 있는 방법 몇 가지를 활용하면 좋다.

먼저 학생들에게 소설을 쓸 때 꼭 발단 부분부터 쓸 필요는 없다는 것을 알려준다. 어떻게 글을 시작해야 할지 몰라 답답했던 경험은 누구에게나 있다. 이것이 유난히 힘든 아이들이 있다.

> 괜찮아. 전개부터 써도 되고, 갈등과 감정이 최고조에 이르는 절정부터 써도 돼.

아이들을 안심시키려고 하는 말이 아니다. 실제로 작가들도 처음부터 작품을 써 내려가는 것이 아니라 중간중간 사건을 만들고 그것을 이어붙여 소설을 완성하는 경우도 있다.

두 번째는 일종의 게임인데, 짧은 시간을 정해놓고 그 시간 안에 누가 많은 글자를 쓰는지 겨루게 하는 것이다.

> 지금부터 1분의 시간을 주겠습니다. 1분 동안 누가 긴 글(많은 글자)을 썼는지 보겠습니다.

시놉시스와 인물 이력서를 보면서 무어라도 좋으니 일단 많이만 쓰라고 주문하는 것이다. 실제로 타이머를 들고 1분에 맞춘 후 '시작!'을 외친다. 동시에 키보드를 때리는 소리가 한여름 소나기처럼 경쾌하게 들린다. 학생들은 뭐라도 써야 할 것 같은 생각이 들어 일단 손가락을 움직이게 된다.

1분이 끝나면 각자 쓴 글자 수를 세어보게 한다. 가장 길게 쓴 학생에게는 젤리나 사탕 등의 간식을 선물로 준다. 이제 1분 동안 쓴 문장을 읽도록 한다. 그리고 다시 1분이라는 제한된 시간을 주면서 이번에는 앞에 쓴 문장에 연결되도록 계속 이야기를 써나가라고 주문한다. 이번에는 2분 동안 쓴 글이 가장 긴 학생에게 선물을 준다.

이렇게 손가락과 두뇌 워밍업을 한 뒤에, 3분 또는 5분의 시간을 주면 학생들은 서서히 이야기에 빠져 속도감 있게 작품을 써 내려가게 된다.

중학교는 수업 시간이 45분, 고등학교는 50분이다. 학생들에게 A4 2쪽 이상의 작품을 보통 요구하는데, 중학생의 경우 3~4시간 정도를 주면 대부분 초고를 마무리하게 된다. 무작정 시간을 줄 수 없으므로 마감하는 날에는 방과후에 학교에서 조금 더 쓰고 가게 하거나, 부득이한 경우 집에서 완성을 지을 수 있도록 한다.

(3) 초고 합평하기

합평이란 작품을 서로 공유하고 그 작품에 대한 의견을 주고받는 것이다. 함께 작품을 평가하는 과정이라고 생각하면 좋다. 작가를 지망하는 예비작가들은 한 개 이상의 합평 모임에서 활동하는 경우가 많다. 자신의 글이 독자들에게 어떻게 읽히는지 의견을 구하고자 하는 것이다. 작가로 등단하거나 책을 출간한 이후에도 합평 모임을 지속해 나가는 작가도 있다. 내 작품을 누군가에게 평가받는 것은 누구에게나 기꺼운 일은 아니지만, 더 나은 작품을 완성하기 위해서 필요하다고 생각하는 것이다.

학생들은 대부분 소설을 처음 쓰는 것이기 때문에 합평이 더 중요하다. 혼자만의 상상의 세계에 빠져서 독자의 시선을 감지하지 못하는 일이 벌어질 때가 많기 때문이다. 개연성이 떨어지는 장면이나 어디서 많이 본 것 같은 장면도 있을 수 있다.

합평은 픽사 피치 단계에서 시작해서 시놉시스, 초고 단계에서도 계속 진행한다. 픽사 피치와 시놉시스 단계에서 학생들은 자신이 쓰고자 하는 이야기의 전체 흐름과 구체적인 내용에 대한 친구들의 의견을 수집하고 반영해 왔다. 초고 합평에서는 그렇게 계획된 이야기가 어떻게 글로 형상화되었는가에 대한 피드백을 받게 되는 것이다.

학생들은 공유 문서를 읽으며 친구의 작품에 자신의 의견을 메모나 댓글 형식으로 기록한다. 이때 다음의 요소들을 체크하도록 한다.

- 전체 이야기의 합리성: 이야기의 흐름이 억지스럽지 않은가?
- 사건의 개연성: 실제로 이런 일이 일어날 만한가?
- 인물의 현실성: 현실적으로 존재할 만한 인물인가? 인물이 사건을 해결해 나가는 과정이 신뢰할 만한가?
- 시점의 일관성: 이야기에서 시점이 흔들리지 않는가?

합평 과정에서 친구들 작품의 장점과 보완할 점을 찾아내게 되면 내 작품을 볼 때도 그런 시각을 적용하게 된다. 즉 합평은 내 작품에 대해서 객관적인 안목을 갖추게 하는 것이다.

8. 멘토 작품 분석하기

(1) 더 좋은 작품 창작을 위해 숨 고르기

초고를 합평한 뒤에 학생들에게 도움이 될 만한 단편소설들을 찾아서 읽도록 한다. 이른바 '멘토 작품 읽기'이다.

교사가 학생들에게 도움이 되는 작품을 하나 선정해서 제시할 수도 있고, 5~6편의 작품을 선정해서 학생들이 선택적으로 읽도록 할 수도 있다.

한 작가의 단편소설집에 수록된 작품들도 작품의 내용이나 수준이 고르지 않을 수 있다. 여러 작가의 작품을 모아놓은 앤솔로지 작품집도 마찬가지다. 사건, 구성, 인물 등 여러 요소에서 학생들에게 도움이 될 만한 작품을 제시한다.

이금이 작가의 《청춘기담》은 청소년과 관련된 여섯 개의 기이한 이야기를 묶은 단편집이다. 여섯 편 모두 완성도가 높고 청소년들의 다양한 삶의 모습을 다루고 있다. '기담'이기에 영혼이 등장하는 이야기도 있지만 현실의 아픔과 상처를 다루는 작품이 많아 학생들의 호응을 잘 이끌어낸다.

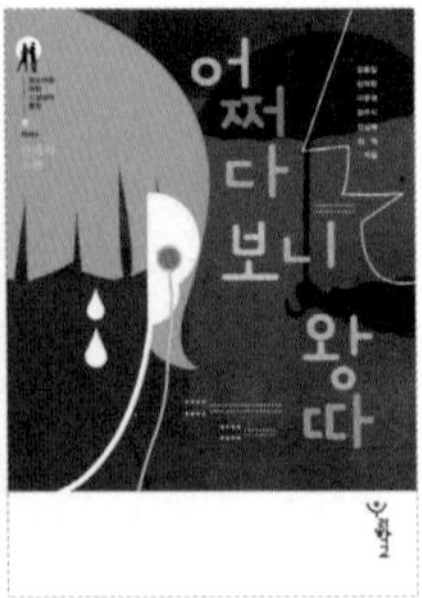

《어쩌다 보니 왕따》는 다섯 작가의 작품을 모은 앤솔로지 작품집이다. 일상적인 고민부터 무거운 일탈까지 청소년들의 크고 작은 갈등 상황을 생생하게 담아냈다. 새로운 가족의 탄생이나 친구 관계 등 관계 맺기에 대한 단편들이 학생들에게 잔잔하게 다가간다.

요즘은 단편소설 작품 하나가 단행본으로 출간되기도 한다. 이런 책을 대여섯 종류 골라서 학생들에게 제시하면 좋다.

아래의 책들은 모두 분량이 100쪽 이내다. 글씨도 큰 편이고 줄 간격도 넓으며 삽화도 중간중간 들어가 있어서 읽기에 부담이 적다. 교사가 먼저 이 작품들을 읽고 주제 의식이나 소재 등을 잘 소개해서 학생들이 자신의 작품을 쓰는 데 도움이 될 만한 작품을 선택해서 읽도록 한다. 시간이 허락한다면 두 작품 이상 읽어도 좋다.

같은 작품을 읽은 학생들끼리 모여서 그 작품으로 소설의 3요소와 소설 구성의 3요소 등에 대해 분석적 대화를 나누게 하면 작품을 이해하고, 자기 작품을 완성시키는 데 큰 도움이 된다.

학생들은 소설을 쓰기 전에는 '재미와 감동'을 위해 소설을 읽었을 것이다. 자신의 단편소설을 창작하는 과정에서 읽는 기성 작가의 단편소설은 의미가 다르다.

멘토 작품을 선정해서 독서하기 전에 학생들에게 소설 이론을 설명해 준다. 먼저 소설의 3요소를 간략하게 설명한다.

주제	작가가 작품에서 드러내려고 한 자신의 생각으로, 작가의 인생관이라고 할 수도 있음
구성	원인과 결과가 잘 짜인 것. 누가, 무엇을, 어떻게, 왜 했는지 잘 짜인 정도
문체	소설 문장의 어휘, 어투 등의 특징에 의해 나타나는 그 작가만의 개성

학생들은 시놉시스 단계에서 '주제'와 '구성'을 고민해 왔다. 멘토 작품을 독서하기 전에 이 요소들을 이론적으로 파악하게 된다. 문체에 대해서는 학생들이 읽은 교과서 작품을 예로 들어 설명해 주면 이해에 어려움이 없다. 다만 학생들에게는 가급적 단문을 쓸 것을 제안하는 것이 좋다. 문장이 길어지면 오류가 나타나 어색해질 가능성이 크기 때문이다.

다음은 소설 구성의 3요소이다.

인물	소설에 등장하는 사람. 작품 속에 등장하여 사건을 이끌어가는 주체로, 사건을 진행시키고 소설의 주제를 이끌어냄
사건	등장인물들이 일으키고 겪는 행동과 갈등으로, 주로 등장인물들이 일으키는 갈등 요소를 중심으로 일어나는 일들
배경	인물이 행동하거나 사건이 일어나는 시간과 장소. 배경은 사건이 일어나는 바탕으로, 배경의 묘사를 통해서 등장인물의 정서와 적절한 분위기를 형성하고 주제를 암시하거나 명확히 드러내기도 하며, 사건이 일어나게 되는 사실성을 부여함

'인물, 사건, 배경'은 학생들이 이미 충분히 고민해 온 부분이다. 이론적인 설명을 읽는 것만으로도 큰 어려움 없이 용어를 이해할 수 있다.

소설의 이론적인 요소들을 설명하는 이유는 멘토 작품의 특징을 찾아내고 내 작품에 적용하기 쉽도록 하기 위해서이다. 이론적으로 정리가 되어 있지 않은 상태에서는 학생들이 멘토 작품의 특징을 언어적으로 잘 설명하지 못한다. 전체적인 인상 위주로 작품을 파악하는데, 구체적이지 않은 인식은 내 작품에 적용하기 어렵다.

뭔가 굉장히 재미있고 감동적이다.

이런 감상은 내 작품의 완성도를 높이는 데 별 도움이 되지 않는다. 고작 '너도 재미있고 감동적인 작품을 써봐.' 하는 소리밖에 안 되기 때문이다.

(2) 멘토 작품 분석하기

멘토 작품을 분석할 때는 같은 작품을 고른 학생들로 새 모둠을 구성하면 좋다. 동일한 작품을 읽고 그 작품에 대해서 다음과 같은 질문을 함께 해결한다.

- 주제는 무엇인가요?
- 구성에는 어떤 특징이 있나요?
- 문체에는 어떤 특징이 있나요?
- 인물들은 어떤 특징이 있었나요?

- 사건은 흥미로웠나요?
- 작품의 배경은 어떠했나요?

이 질문들에 함께 답을 하면서 단편소설에서 어떻게 이야기를 형상화하고 주제를 드러내는지, 여러 요소들이 어떻게 유기적으로 결합되어야 하는지를 (어렴풋하게나마) 파악할 수 있다. 이 단계를 마친 학생은 다음의 질문에 개별적으로 답을 해야 한다.

멘토 작품을 친구들과 분석하고 나니, 내 작품에 어떤 점을 보완하고 싶은가요?

학생 1

내 글에는 인물의 감정을 묘사하는 부분이 거의 없는데 멘토 작품에서는 주인공이 어떤 생각을 하는지가 잘 나와 있었다. 주인공이 어떤 감정을 느끼는지가 드러나니까 나도 주인공이랑 비슷한 감정을 갖게 되고, 그러니까 작품에 더 몰입할 수 있었던 것 같다. 그래서 내 작품에도 인물 감정을 더 드러내면 좋을 것 같다.

학생 2

멘토 작품에는 맛깔나는 대사가 있었다. 대사가 많은 건 아닌데, 대사들이 모두 딱 필요할 때, 정말 그렇게 말했을 것 같은 느낌으로 쓰여 있어서 '맞아, 맞아' 하면서 읽었다. 내 작품에는 대사가 거의 없는데, 대사를 좀 만들면 좋을 것 같다. 맛깔나는 대사를.

학생들은 누구나 자신이 쓴 글을 가장 좋아한다. 겉으로는 '너무 오글거려요.', '아, 보지 마세요. 저도 못 봐주겠단 말이에요.'라고 아우성을 치지만 선생님과 친구들이 읽어주고 감동해 주기를 진심으로 바란다. 초고에 대한 애정도 각별할 수밖에 없다.

이제 다시 창작을 위한 고민의 시간이 시작된다. 학생들은 초고를 쓴 이후에 3~4편 정도의 친구 작품을 읽었다. 그리고 기성 작가의 작품을 멘토 작품으로 선정하여 읽고 분석까지 했으니 내 작품을 보는 자세가 달라진다.

친구들의 작품을 꼼꼼하게 보던 마음으로, 멘토 작품을 분석했던 시각으로 자신의 작품을 보고 보완점을 찾는다. 친구들이 써준 코멘트도 참고한다.

한 가지 주의할 것은 친구들에게서 받은 피드백을 모두 수용할 필요는 없다는 것이다. 친구들의 의견은 친구들의 의견일 뿐이다. 그 의견이 합리적이고 타당하게 여겨진다면 수용하는 것이 바람직하겠지만 자신의 신념이나 작품에서 구현하고 싶은 주제 의식 등에 반할 경우에는 참고만 하는 것이다.

시간이 허락한다면 멘토 작품 분석하기를 여러 차례 진행해도 좋다. 단편소설 창작을 시작하기 전에 재미있고 매력적인 단편소설집을 읽으며 멘토 작품을 선정하여 분석해 보는 것도 도움이 많이 된다. 이 경우에는 자칫 멘토 작품을 모방하는 글을 쓰게 될 가능성도 있어 주의해야 한다. 멘토 작품 분석을 초고를 쓴 후에 하는 이유이다.

단편소설 창작 수업을 진행해 본 경험이 있는 교사라면 학생 작품 예시를 보유하고 있을 것이다. 단편소설을 창작하기 전에는 선배들이 쓴 작품들을 읽어보게 하고, 초고 작성 이후에는 기성 작가의 작품으로 멘토 작품 분석을 진행하는 것도 좋다.

9. 2고 작성하기

초고에 대해서 친구들이 제시한 합평 의견과 멘토 작품 분석 결과를 적용하여 작품을 수정한다. 초고를 수정하는 활동이지만 더 구체적으로 작품을 상상하여 적용하는 과정이라 초고를 작성하는 것만큼 시간이 걸릴 수도 있다. 친구들의 작품에 대해 피드백을 제시했고 멘토 작품을 분석한 이후라 작품에 대한 안목이 상당히 높아져 있는 시점이기 때문이다. 그리고 내 작품의 완성도에 대한 학생들의 갈망이 한껏 부풀어 올라 있을 때이다.

앞서 언급한 바와 같이 친구들의 피드백을 모두 수용할 필요는 없다. 동료 작가이자 예비 독자들의 의견이기 때문에 적극적으로 검토할 필요는 있지만 작가로서의 의도와 신념에 따라 합평 의견은 취사선택할 수 있다.

2고를 작성할 때는 다음의 두 가지 질문을 학생들에게 상기시킨다.

- 나는 왜 이 작품을 쓰려고 하는가?
- 무엇이 작품의 완성도에 도움이 될 것인가?

학생들의 목적은 완성도 높은 단편소설을 창작하는 것이다. 친구들의 조언을 무조건 수용하는 태도나, 자존심이나 고집 때문에 친구들의 의견은 거부하는 태도 모두 위험하다. 작품의 완성도를 중심에 놓고 수정 방향을 정하는 것이 좋다.

10. 오탈자 정리하고 소설 완성하기

2고가 완성되면 이 원고를 또다시 친구들과 공유한다. 이번에는 내용과 구성 등의 내용적 요소가 아니라 어휘, 맞춤법, 비문 등 문법적인 요소를 중점으로 작품을 읽는다.

내용적인 요소를 다시 한번 검토하면 좋겠지만, 이 단계쯤 오면 학생들의 참을성은 이미 바닥이 나 있을 것이다. 일부 학생들은 작품만 보면 구토 증세가 나타난다며 엄살을 부릴 수도 있다.

무엇보다 이 단계쯤 오면 더 이상 새로운 아이디어나 피드백의 지점을 찾는 것이 어려워진다. 글을 읽는 안목이 있고 상상력이 풍부한 학생들은 여전히 신선하고 유효한 의견을 제시하지만 대부분의 학생들은 더 이상 할 말이 없다고들 한다.

반면, 작품을 끝까지 손에서 놓지 않으려는 학생들도 있다. 조금만 더 시간을 달라고 애원하는 학생들도 생긴다. 내용 수정을 더 하고 싶어 하는 학생들에게는 마감선을 충분히 안내할 필요가 있다.

완벽한 작품은 없어요. 보면 볼수록 고치고 싶은 부분이 나타날 겁니다. 그러면 끝을 낼 수 없으니 일단 제출을 하세요. 더 고치고 싶다면 그 이후에 고치는 건 여러분 선택입니다.

이 단계에서 학생들이 할 일은 두 가지다.

- 친구 작품의 매력 포인트 피드백하기
- 오탈자 및 비문 체크하기

모둠 안에서 작품을 돌려 읽으면서 친구 작품의 매력 포인트를 언급해 주도록 한다. 이제 작성의 시간은 끝이 났다. 여기서는 단점을 언급해 봐야 더 고칠 수도 없다.

주인공의 성격과 행동이 평범하지 않고 신선해서 좋았다. 주인공이 매력적이라 작품이 더 재미있게 느껴졌다.

사건이 어떻게 끝이 날지 몰라 끝까지 긴장해서 읽느라 어깨가 다 아프다. 추리 기법을 아주 잘 쓴 것 같다.

작품의 매력 포인트를 언급한 후에는 오탈자와 비문을 체크해 준다. 가급적 대안을 제시하게 하는데, 이때 휴대폰이나 디지털 디바이스를 활용해서 네이버 사전을 활용하도록 하면 도움이 많이 된다. 학생들은 문장부호도 자주 틀린다. 문장 뒤에는 반드시 문장부호가 있어야 한다는 점, 대화는 큰따옴표, 속마음은 작은따옴표를 쓰고 따옴표 안에도 문장의 종결을 알리는 문장부호가 필요하다는 점을 확인할 필요가 있다.

친구들의 비문을 체크해 주면 당연히 문법적으로 올바른 문장에 대한 이해도가 높아진다. 맞춤법도 마찬가지다. 학생들은 비슷한 부분에서 어려움을 겪는 경우가 많기 때문에 친구 글을 교정하는 경험은 매우 유용하다.

작품이 모둠을 한 바퀴 돌면 2~4명이 내 글을 손봐주는 것이므로 오탈자와 비문 비율이 대폭 줄어든다. 친구들의 피드백을 반영하여 작품의 문법적인 오류를 수정하고 나면 독자들이 읽기에 제법 괜찮은 작품이 나온다. 문법적인 요소는 소설을 쓸 때 가장 중요한 요소는 아니지만, 자질구레한 문법적 오류들이 눈에 보이면 작품을 집중해서 읽기가 어렵다. 가급적 문법적으로도 정돈된 작품으로 완성하면 좋다.

4단계 독자 되어 작품 공유하기

11. 함께 읽기

(1) 둥그렇게 둘러앉아 소설 읽기

이제 작품이 완성되었다. 긴 시간 동안 작품 쓰기에 집중한 학생들은 이런 이야기를 하기도 한다.

다시는 소설 따위 쓰지 않을 거야.

누구나 나의 작품이 여러 사람에게 읽히기를 바란다. 모둠 안에서는 시놉시스부터 초고, 2고까지 공유해 왔으니 제목만 봐도 내용이 훤히 떠오른다. 아이들의 책상을 둥그렇게 배치하거나 디귿 자로 배치하여 학생들이 서로의 얼굴을 바라보며 앉을 수 있도록 한다.

그리고 출력한 작품을 나누어준다. 완성되어 출력된 자기 작품을 마주한 학생들은 매우 긴장한다. 이제 내 작품을 독자들이 읽을 시간이 다가오기 때문이다. 자기 작품을 오른쪽 옆 친구에게 건네주도록 한다. 그리고 일정 시간을 두고 작품을 읽게 하는 것이다. 디지털 디바이스를 활용해서 작품을 읽을 수도 있다. 작품 읽는 순서를 정해서 공유 문서를 학생이 개별적으로 열어 보게 할 수도 있고, 자신의 작품을 디바이스로 연 후에 디바이스를 오른쪽으로 돌리는 방법도 있다.

친구의 작품을 읽으면 꼭 인상적이었던 점을 구체적으로 언급하여 감상평을 적도록 한다. 혹평은 누구에게나 괴롭다. 작품을 창작하는 과정에서도 친구들의 조언을 듣고 수정해 왔으므로 완성작에 대해서는 긍정적인 측면만 이야기하도록 한다. 작품을 읽고 궁금한 것을 작가에게 질문할 수도 있다. 이때 누구의 의견인지 알 수 있도록 반드시 이름을 쓰게 한다.

가능하면 우리 반 모든 친구들의 작품을 읽으면 좋다. 학생들의 글이 길지 않아도 읽는 데 제법 시간이 걸린다. 교실에서 충분한 시간을 들여 함께 읽어도 되지만, 한두 시간만 읽기에 투자하고 나머지 작품은 인터넷 공유 문서 시스템을 이용해서 집에서 읽도록 할 수 있다.

(2) 우리 반 소설상 뽑기

모든 친구들의 작품을 다 읽고 나면 가장 재미있게 읽은 작품을 골라 투표를 한다. 투표의 방식은 정하기 나름이다. 한 작품을 고르는 것은 정말 어려운 일이므로 내 작품을 포함해서 세 작품에 투표하게 하면 작품을 선정하는 괴로움을 좀 덜 수 있다. 세 작품이면 웬만한 작품은 추려지게 마련이고, 내 작품에 투표하는 것에 정당성을 부여해 줄 수 있다.

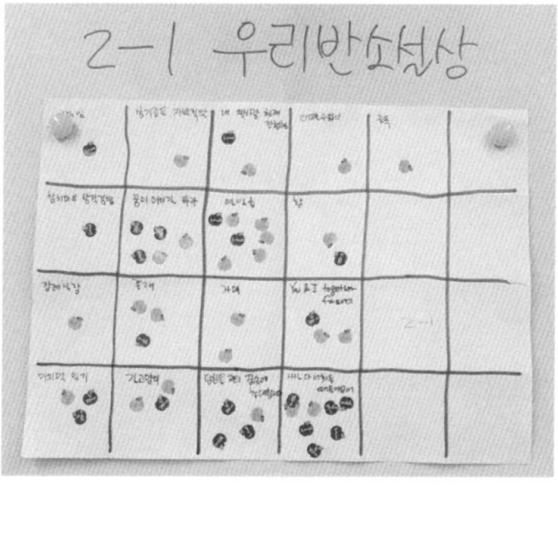

내가 쓴 작품이 객관적으로 더 훌륭한데도 다른 작품에만 투표를 해야 하는 것은 학생들 입장에서는 납득이 안 되는 일이다. 그리고 그동안 작품에 쏟은 열정과 정성이 있으니 내 작품이 가장 훌륭해 보이는 것도 당연하다. 내 작품에 투표하고 싶은 마음을 부끄러워 말고 당당하게 한 표를 행사하라고 하면 학생들이 마음 편하게 투표에 임한다. 결국 자기 작품에는 투표하지 않는 아이들도 나오고, 세 표 모두 자기 작품에 투표할 수 있냐고 묻는 아이도 나온다.

온라인 투표 도구를 활용할 수도 있고, 교실에서 스티커를 붙이는 방식으로 투표를 진행할 수도 있다.

우리 반 소설상에 뽑힌 학생들은 앞으로 나오게 해서 박수를 보내주고 그 작품들이 뽑힌 이유에 대해서 다 같이 이야기를 나누어보면 좋다.

우리 반 소설상은 학생들의 완성작을 모두 읽었을 때만 선정이 가능하다. 교사가 잘된 작품을 선정해 주는 것은 추천하지 않는다. 열심히 창작한 작품을 교사 한 사람의 눈으로 선발하는 것은 득보다 실이 크다. 또래 독자들의 눈으로 평가한 작품에 상을 주는 것이 평화롭고 민주적이다. 보통은 교사의 눈에 매력적으로 다가온 작품이 학생들에게도 많은 표를 받는다.

12. 출판기념회 하기

(1) 책 출간하기

교육청에서 첫 책 만들기나 독서·인문교육 체계화 등의 목적으로 예산

이 내려오는 경우가 있다. 예산을 확보한 경우에는 학생들의 작품을 책으로 출간하는 것도 좋은 추억이 된다.

각 반에서 그림 그리는 것을 좋아하는 학생들을 디자이너로 뽑고 글 읽는 것을 좋아하고 한글 프로그램 편집을 잘하는 학생들을 뽑아서 편집위원으로 임명한다.

- 문서 사이즈: A5(국판)
- 폰트: 본문 함초롬바탕 10point (제목, 작가 이름 등 변화 가능)
- 줄 간격 200%
- 작품 맨 앞이나 뒤에 작가의 말 첨부
- 서지 정보에 들어갈 내용

– 글쓴이: ○○중(고등)학교 ○학년 ○반 김○○ 외 23명
– 편집위원: 김○○, 박○○, 이○○, 최○○
– 표지 디자인: 양○○
– 지도교사: ○○○선생님

편집은 복잡하지 않게 한다. 많은 기교를 부리려고 하면 실수가 나오기 마련이다. 편집위원들은 친구들의 작품을 몇 개씩 나누어 검토를 하고, 한 번 정도 더 돌려본다. 가끔 표지 디자인을 하겠다고 경합을 벌이는 학생들이 있다. 여럿이 협력적으로 디자인할 수도 있고, 각자 디자인을 해 와서 학급 친구들과 함께 투표할 수도 있다.

편집위원과 표지 디자이너의 경우 서지 정보에도 이름을 실어주고, 생활기록부 교과세부능력사항에도 기술을 해줄 수 있다.

학생들이 쓴 '작가의 말'

이번에 단편소설을 쓰면서 주제나 이야기에 대한 고민이 많았는데, 한 번 정하니 쉽게 쉽게 잘 풀려서 생각보다 재밌게 썼던 것 같다. 내용이 사극 판타지다 보니 세계관에 관한 이야기도 쓰고 싶었지만, 글이 장황해질 것 같아서 생략해 아쉬웠다. 그러다 보니 읽다가 캐릭터들의 설정을 까먹고 읽게 되기도 해 읽을 때 어려움이 많을까 걱정이 된다. 그런 점들을 한 번 더 생각하고 읽으면 좋을 것 같다.

2022년 9월 어느 날, 작가 ○○○

소설을 쓰는 동안 정말 고민을 많이 했습니다. 그중 가장 큰 고민은 나와 미호와의 관계였는데, 처음 보는 이에게 마음을 연다는 것 자체가 쉬운 일이 아니기에 어떻게 풀지 걱정되었습니다.

글을 쓴다는 것은 늘 고민을 하게 됩니다. 이 문장 저 문장 고치다 보면, 이것저것 다 고쳤는데도 마음에 들지 않아서 아쉽고 어려웠습니다.

언제나처럼 밤하늘의 별처럼 빛나는 미호와 나의 우정 이야기에 도움을 주신 윤수란 선생님과 친구들에게 감사를 전합니다.

2022년 9월 어느 날, 작가 ○○○

다신 판타지 안 쓴다.

2022년 9월 21일, 작가 ○○○

개별 편집이 끝난 작품은 인쇄소에 보내서 책으로 제작한다. 인쇄소에서 출력을 위한 PDF 검토본을 보내면 교사가 1~2회 정도 더 검토해서 마지막 점검을 한다.

(2) 출판기념회

출판기념회라고 해서 특별히 거창한 것은 없다. 서로 글을 쓰면서 얼마나 힘들었는지 고통을 공유하고, 책이 나온 기쁨을 만끽한다. 책으로 출간할 예정이라면 '함께 읽기' 및 '우리 반 소설상 뽑기'를 책 출간 이후로 미루어도 좋다. 일단 책으로 나오면 작품에 대한 학생들의 흥미는 급상승하게 되기 때문이다. 책으로 펴내기는 했으나 교실에서 함께 읽을 시간이 없을 때 할 수 있는 활동은 아래와 같다.

매력적인 제목 찾기

- 빙 둘러앉는다.
- 목차를 살펴본다.
- 마음에 드는 제목을 찾는다.

교사는 학생들에게 가장 매력적인 제목이 무엇인지 질문하고 그 이유를 듣는다. 1번 학생이 13번 학생의 작품을 선정했으면 13번 학생에게 연쇄적으로 질문을 하는 것이다. 그렇게 한 바퀴 돌면 누가 어떤 작품을 썼는지, 어떤 작품을 가장 먼저 읽고 싶은지 등이 정리된다.

내.작.소.(내 작품을 소개합니다)

- 교실 맨 앞에 작가의 의자를 준비한다.
- 한 사람씩 나와서 의자에 앉는다.
- 자기 작품을 왜 썼는지를 설명한다.
- 자기 작품에서 읽어주고 싶은 구절(한두 문단)을 읽어준다. (그 부분을 읽어주는 이유 설명 가능)

소설을 쓰고 책도 나왔으니 작가로서 대우를 받는 것도 당연하다. 상상력 놀이, 개연성 놀이를 할 때 만든 이야기 의자를 다시 한번 준비해서 모든 학생들을 작가의 자리에 앉힌다. 본인의 작품을 소개하고, 독자들에게 작품을 읽어주는 떨림과 재미를 함께 누려보는 것이다.

사인회

- 우리 반 작품집에 친구들의 사인을 받는다.

'독자로서 내가 너의 작품을 잘 읽었다' 혹은 '내가 너의 작품을 잘 읽어주겠다'는 의미로 사인을 주고받는다. 앞뒤 표지 안쪽 빈 내지에 받기도 하고, 친구 작품이 시작하는 부분이나 끝나는 부분에 받기도 한다.

단체 사진

- 모두 책을 들고 스마일

최대한 모든 학생들이 한 화면에 잡히도록 구도를 잘 잡아서 사진을 찍는다.

수업 사례 2 - 6차시 수업안

웹소설 쓰기 수업

김병섭

수업 개요

네이버 밴드에 웹소설 쓰기 수행평가 안내글을 올렸다. 웹소설로 수억 원의 수익을 낸 작가들의 이야기를 먼저 실었다. 그런 다음에, 학생들이 제출한 작품을 '네이버 웹소설'에 업로드한다는 글을 올렸다. '네이버 웹소설'에서 검색을 하면 자신의 작품을 볼 수 있게 하겠다는 약속이었다. 그러니 부디 재밌는 작품을, 의미 있는 작품을, 마음껏 상상하되 치밀한 작품을 만들어주기를 부탁한다는 글이었다.

이렇게 시작한 웹소설 창작 수업은 6차시에 걸쳐 진행했다. 전체적으로 보면 크게 3단계로 구성된다.

1단계	1~2차시	학습지 쓰기	– 뉴스 기사 2개 옮겨 적기 – 시작과 결말 쓰기 – 반전을 2개 이상 쓰기 – 인물 2명의 신상 털기 – 선택의 이유 2가지 이상 쓰기 – 소설의 표지 그리기
2단계	3~5차시	소설 쓰기	– 이야기 영상이 떠오르면 영상을 따라 차분하게 쓰기 – 이야기 영상이 떠오르지 않으면 먼저 주요 장면 6개를 만든 후 이야기 늘이기
2회고사			
3단계	6차시	댓글 쓰기	– 네이버 웹소설에 접속하기 – 친구들 작품 중 3개 고르기 – 3줄 댓글 쓰기

1단계는 학습지 쓰기다. 이 수업 기획에서 가장 중요한 것이 학습지다. 총 6개의 질문 가운데 3개의 필수 질문은 학생들이 반드시 작성해야 한다. 그리고 3개의 선택 질문 중에서는 2개 이상을 선택하여 작성

해야 한다. 학생들이 이 학습지에 몰입하여 즐겁게 작성하도록 유도할 수만 있다면, 이 수업은 절반 이상 성공이다.

2단계는 소설 쓰기다. 소설 쓰기는 개별학습으로 진행했다. 학생마다 독서력도, 문해력도, 관심 분야도, 쓰기 속도도 다르다. 같은 학생이라도 어느 날은 뻗어가는 상상을 스스로 따라잡기 힘들어하며 몇 쪽의 글을 완성하는가 하면, 어떤 날은 도무지 이야기가 이어지지 않아 괴로움에 시간만 보내기도 한다. 교사는 학생들 한 명 한 명을 살피며 도움이 필요한 학생에게 다가가 대화의 짝이 되어준다. 이때에도 역시 중요한 것은 질문이다. 교사가 학생들이 정확히 어느 지점에서 멈추었는지, 정확히 바라는 이야기가 무엇인지, 구체적인 소품, 인물, 사건, 이유 등으로 물어주거나 교사 자신의 상상과 기획을 예시로 들려주면 학생들은 금세 자신의 답을 찾는다.

3단계는 댓글 쓰기다. 5차시의 수업을 마치고 2회고사가 끝난 후, 방학 전의 기간에 진행했다. 학생들이 자신의 작품을 드러내고, 친구들의 좋아요와 댓글을 받고, 친구들에게 좋아요와 댓글을 달면서 좋은 이야기에 대해 스스로 깊어지는 시간이다.

1. 웹소설 쓰기 수업을 위한 준비

(1) 소설 수업, 재밌게 하기

3주에 걸쳐 진행될 5차시의 웹소설 쓰기 수업 동안 학생들이 소설 창작에 몰입하도록 하려면 나는 무엇을 어떻게 준비해야 할까?

먼저 학생들이 소설의 재미에 푹 빠지도록 해야 했다. 그것이 중요하다고 생각했다. 너무너무 재밌어서 더 읽고 싶게 만드는 소설 수업이어야 했다. 너무너무 놀라워서 나도 쓰고 싶게 만드는 소설 수업이어야 했다. 물론 이것만으로는 부족하겠지만, 역시 이것에서부터 시작하는 것이 가장 좋을 듯싶었다.

오랜 고민 끝에 학생들이 재미있어 할 만한 작품 세 편을 뽑았다. 이강백의 〈파수꾼〉, 김소진의 〈자전거 도둑〉, 김동식의 〈무인도의 부자 노인〉.

세 편의 작품을 고른 뒤 각 작품마다 다음의 순서로 소설 수업을 진행했다.

1차시

작품을 읽고 개인별로 4개의 질문과 답을 만들도록 했다.

2차시

학생 4명을 한 모둠으로 묶고, 개인별로 4개의 질문과 대답을 만들게 한 뒤, 모둠별로 최종 8개의 질문을 '중요도'를 기준으로 선택하게 했다. 5개 모둠이 퀴즈를 다 만들면, 각 모둠에서 한 명씩 일어나 옆 모둠으로 이동하여 간식점수를 놓고 퀴즈대결을 벌이는 '모둠대항 질문게임'을 진행했다.

3차시

교사가 미리 선정한 8개의 논제를 공개한 뒤, 모둠별로 선택하여 발표하고, 발표에 대한 다른 모둠의 질문공격에 대응하면 간식점수를 확보하는 '모둠함께 질문게임'을 진행했다.

4차시

3차시의 남은 질문들을 함께 해결하고, 작품에 대한 학생들의 이해와 추론을 활용하는 상상질문을 교사가 제시해 주고, 그 대답은 네이버 문학 밴드에 개인별 비밀댓글로 쓰게 하고, 댓글을 완성한 학생들에게 간식을 선물하며 쉬었다.

나는 그 수업의 사이사이, 틈날 때마다 강조했다. 학생들의 좋은 질문은 곧 지필평가에 반영된다고. 소설에 대한 배움이 소설 쓰기 수행평가에 큰 도움이 될 것이라고 말해주었다. 그렇게 학생들의 명랑함이 진지함으로 이어지도록 애썼다.

정말 다행스러운 일은 소설에 대한 학생들의 호감이 점점 번져갔다는 것이다. 그렇게 짐작한 것은 학생들의 비밀댓글 때문이었다. 소설 수업의 4차시마다 작품을 다시 되돌아보면서 작품의 내용이나 주제를 우리의 삶과 연결 짓게 하는 상상질문을 던지고 자신의 생각과 감정을 드러내는 글을, 그것도 비밀댓글로 쓰게 하면 다시 학생들의 열기가 오르고 눈이 빛났다.

- 21세기 대한민국에서 〈파수꾼〉에 등장하는 망루와 같은 것은 무엇일까?
- '파수꾼 1'은 누구일까? 그들은 '파수꾼 1'과 같은가 다른가? 그 이유는?
- 〈자전거 도둑〉의 승호는 아직 미혜의 집에 있는 〈자전거 도둑〉 영화 테이프를 어떻게 했을까? 돌려달라고 했을까, 새로 샀을까, 영영 잊었을까, 몰래 훔쳤을까? 그 이유는?

질문에 대한 근거를 작품에서 2개 이상 찾아 자신의 논리와 함께 네이버 밴드 문학게시판에 비밀댓글로 써달라고 부탁했다. 놀랍게도 대다수의 학생이 댓글에 참여했다. 그리고 고맙게도, 내내 엎드려 자는 줄 알았던 학생도 가끔 그곳에 글을 남겼다.

나는 그것이 고마워서 학생들의 댓글에 열심히 댓글을 달았다. 글쓰기 수업 중에, 수업이 끝난 후에, 학생들의 댓글에 열렬히 댓글을 달았다. 학생들의 댓글을 읽으며 반가웠고, 그 댓글에 다시 댓글을 달며 즐거웠다.

내가 정성을 다해 글을 쓰면, 그 글에 대한 답이 분명 있구나.

학생들에게 그런 믿음을 꼭 전해주고 싶었다.

그렇게 느껴졌던 학생들의 호감, 소설에 대한 학생들의 이 따뜻한 여운이 사라질까 두려운 마음으로, 나는 여세를 몰아 학생들 앞에서 호기롭게 외쳤다.

교사: 자, 이제껏 배웠으니, 이제는 배운 것을 써먹어 보자. 배워서 뭐 하니? 써먹어야지. 이제부터, 소설을 써보자.

학생: 저희가요? 벌써요? 어떻게요? 저는 못 할 것 같은데요.

교사: 아냐 아냐. 할 수 있어. 충분히 할 수 있어. 먼저 이것을 완성해 보자.

학생: 그게 뭔데요?

교사: 응. 너희들의 이야기를 도와주는 학습지. 이것만 하면 충분히 할 수 있어. 해보자. 선생님이 도와줄게.

(2) 학생들의 이야기를 끌어내는 학습지 만들기

학습지를 준비했다. 소설을 만들 수 있는 재료를 만들어야 했다. 아니 좀 더 정확히 말하자면, 학생들이 개/인/별/로 소설의 재료를 만들게 해야 했다.

이것은 소설이므로, 나의 이야기로 시작해 나의 이야기로 끝나서는 안 되었다. 우리가 만들려고 하는 것은 일기도 아니고 에세이도 아니었다. 나의 이야기로 시작해도 나의 이야기만은 아니어야 했고, 남의 이야기이면서 나의 이야기여야 했다.

그렇다면 어떻게 해야 학생들 안에서 나의 이야기와 남의 이야기를 함께 끌어낼 수 있을까? 이러한 고민 끝에 다음과 같이 6개의 질문이 담긴 학습지를 만들었다.

(　　)반 (　　)모둠 / 이름:

웹소설 수행평가 학습지 – 소설 설계도

① 뉴스 기사 2개 옮겨 쓰기 (필수)

소설의 소재가 될 만한 신문 기사 2개를 고릅니다. A기사는 내가 쓰고 싶은 소설의 주요 소재가 될 만한 것입니다. B기사는 내가 쓰고 싶은 소설과 전혀 관련이 없을 것 같은 것입니다. 최대한 관련 없는 기사일수록 더 재미난 이야기, 재미난 반전의 소재가 될 수 있습니다. 기사의 주요 내용 중에서 소설의 소재가 될 만한 것은 모두 옮겨 적습니다.

A기사

B기사

② 시작과 결말 쓰기 (필수)

뉴스 기사의 내용을 바탕으로 소설의 시작과 결말을 씁니다. 소설의 장르는 무엇이든 좋습니다. 호러, 판타지, 무협, 연애, 스릴러, 추리 등 무엇이든 좋습니다. 재미있고, 의미 있고, 최대한 치밀한 이야기를 만들어주세요. 단, 이 소설의 독자가 청소년임을 명심해 주세요. 지나치게 선정적이거나 폭력적인 내용은 삼가주세요.

시작

결말

③ 반전, 이야기의 묘미 (필수)

당신의 소설을 읽을 사람들이 예상하지 못할 반전을 최소 2개 이상 마련합니다. 반전은 독자의 기대를 꺾는 것입니다. 또한 반전은 작가가 원하는 결말을 독자들이 전혀 예상할 수 없게 만드는 것입니다. 이를 바탕으로 반전을 2개 만들어주세요. 물론 반전을 더 만들어도 좋습니다.

반전 A

반전 B

④ 인물 2명의 신상 털기 (선택)

주요 인물 2명 이상의 신상에 관련된 모든 것을 마음껏 써주세요. 인물의 성장 과정, 취미, 성격, 목표, 사건, 상처, 갈등, 희망, 절망, 슬픔, 아픔, 즐거움, 가족, 친구, 직업 등등 인물에 관해 상상할 수 있는 모든 아이디어를 다 쏟아봅니다. 잘 떠오르지 않으면, 인물의 외모를 최대한 구체적으로 상상해 주세요. 먼저, 당신의 주인공은 어떤 신발을 신고 있을까요?

인물 A

인물 B

⑤ 선택의 이유 2가지 쓰기 (선택)

당신의 소설 속 인물의 중요한 선택에 대하여 써주세요. 어떤 상황에 있는지, 어떤 선택을 하게 되는지, 그런 선택을 할 수밖에 없는 이유를 써주세요. 당신의 소설을 읽으면서 독자들이 충분히 납득할 수 있어야 합니다. 당신의 주인공은 대체 왜 그런 선택을 할 수밖에 없었을까요? 당신의 빌런은 대체 왜 그렇게 나쁜 짓을 할 수밖에 없었을까요?

선택 A

선택 B

⑥ 내 소설을 보여주마 (선택)

소설의 표지를 그려봅니다. 소설의 제목과 인물, 사건, 배경, 소품 등을 마음껏 그려주세요. 그림을 잘 그리지 않아도 좋습니다. 단, 이 그림을 보면서 소설의 주요 내용에 대해 설명할 수 있어야 합니다. 사진을 오려 붙여도 좋습니다.

① 뉴스 기사 2개 옮겨 적기

뉴스 기사를 2개 찾는다. 첫 번째 뉴스 기사는 소설의 뼈대이다. 내가 만들고 싶은 소설에 최대한 가까운 이야기를 고른다. 노트북으로 포털 사이트에 접속한 뒤, 검색창에 자신이 원하는 이야기의 키워드를 넣고, 마지막에 '뉴스 기사'라는 키워드를 쓰고 검색을 클릭한다. 신문 기사도 좋고, 텔레비전 뉴스도 좋고, 해외토픽도 좋고, 실화를 전하는 유튜버의 컨텐츠여도 좋다.

중요한 것은 최대한 자세하고 구체적으로 사건을 정리하는 것이다. 기사를 그대로 옮겨 적는 것이 아니다. 기사에 대한 메모를 하는 것이다. 내가 만들고 싶은 이야기의 좋은 재료가 될 만한 것들을 최대한 구체적으로, 자세하게 메모하는 것이다. 자세하고 구체적인 사실들을 옮겨 적을수록, 자세하고 구체적인 상상들이 시작된다.

두 번째 신문 기사는 내가 만들고 싶은 소설과 최대한 거리가 먼 기사를 고른다. 학생들이 만들 소설에 반전과 신선함을 불러올 기사이다. 학생들이 소설을 만들 때 먼저 경계해야 할 것은, '흔한 소설'이기 때문이다.

학생들은 이미 수없이 많은 이야기를 소화했다. 밤마다 할머니 머리맡에서 재미난 옛이야기를 전해 들었다는 옛날옛날의 어떤 이들과 비교할 수준이 아니다. 영화로, 드라마로, 유튜브로, 아프리카TV로, 트위치로, 게임으로, 인스타로, 그들과 비교할 수조차 없이 많고, 길고, 복잡하고, 다양한 이야기들을 학생들은 이미 보고 들었다. 그래서 대개의 이야기는 학생들에게 익숙하다. 익숙한 이야기는 쉽게 흔한 이야기가 되고, 흔한 이야기는 금세 뻔한 이야기가 되고, 뻔한 이야기는 쉽게 버려진다.

뻔해서 쉽게 버려지는 슬픈 소설이 되지 않기 위해서는, 익숙하면서도 낯선 이야기를 만들어야 한다. 독자에게 호기심과 익숙함을 함께 줄 수 있어야 한다. 이것을 이루기 위해 활용하는 것이 두 번째 기사이다.

예를 들면, '트럼프 전 대통령, 다시 대통령 선거에 출마하다'라는 정치 기사가 'BTS, 뉴욕 공연 3분 만에 전석 매진'이라는 문화 기사를 만나면, '트럼프 전 대통령, BTS의 새로운 멤버로 합류'라는 이야기가 되었다. '코리안 메이저리거, 인천공항으로 금의환향'이라는 스포츠 기사는 '인천 서구의 마지막 쓰레기 소각장, 드디어 철거'라는 사회 기사를 만나 '5000억 연봉에 사인한 메이저리거의 귀국 날, 인천 서구의 쓰레기 소각장에서 그의 고등학교 시절 여친의 시체가 발견되었다'라는 이야기가 되었다. '로또에 당첨된 사람들의 70퍼센트가 신용불량자가 되었다'는 사회 기사는 '경기도 이천에 테디베어박물관 개관'이라는 문화 기사를 만나 '로또에 당첨된 후 사라진 사람들, 형사가 찾아낸 그들의 유일한 공통점은 그들의 집과 휴대폰과 사진에 남겨진 1985년에 제조된 테디베어 인형'이라는 이야기가 되었다.

② 시작과 결말 쓰기

이야기의 시작을 쓴다. 자신이 선택한 기사를 활용해서 대략적인 줄거리를 만든다. 두세 줄만 써도 된다. 다 완성하지 않아도 된다. 영화나 드라마를 소개할 때 대략적인 줄거리와 인물을 소개하고, 이제 막 시작하는 사건을 소개하는 내용이면 된다.

예를 들면, '고등학교 절친이었던 철수와 영희는 재판정에서 판사와 범죄자로 다시 만난다. 이들이 서로의 존재를 확인하고 놀라는 순간, 갑자기 지진으로 재판정이 무너지고, 다시 정신을 차린 이들은 다시 고등학교 시절로 돌아가게 되는데……' 이런 식이다.

그리고 이야기의 결말을 쓰게 한다. 반드시 써야 한다. 나중에 고쳐도 된다. 얼마든지 고쳐도 된다. 하지만 일단, 결말을 써야 한다. 내가 만든 이 사건을, 내가 불러낸 이 인물을, 어떤 상황에 어떤 모습으로 마무리 짓고 싶은지 선택해야 한다. 물론 이 선택은 나중에 얼마든지 바꿀 수 있고, 고칠 수 있다. 중요한 것은 일단, 선택을 해야 한다는 것이다. 결말을 한번 만들어보고 시작하는 소설은 그렇지 않은 소설보다 대개 더 짜임새가 좋다. 그리고 결말을 만드는 일은 이어지는 다음 활동에 필요하다.

③ 반전을 2개 이상 쓰기

소설의 반전을 써야 한다. 그것도 2개 이상 써야 한다. 반전을 만들기 위해 기억해야 할 2가지가 있다.

첫째, 반전은 독자의 기대를 꺾는 것이다. 자극적이고 선정적인 설정을 추가한다고 해서 반전이 되는 것이 아니다.

예를 들면, 잘생긴 남자만 보면 금방 사랑에 빠지는 금사빠가 어마어마하게 잘생긴 아이돌 슈퍼스타를 만나 사랑에 빠지는 것은 반전이 아니다. 금사빠에게 그것은 당연한 일이다. 반전이란 독자의 기대를 꺾는 것이다. 잘생긴 남자만 보면 금방 사랑에 빠지는 인물이라고 독자들이 믿게 만든 다음, 어마어마하게 잘생긴 아이돌 슈퍼스타를 만났는데도 사랑에 빠지지 않는 금사빠를 보여주는 것이 반전이다. 혹은 외모가 별

볼 일 없는 평범남일 뿐인데도, 그를 본 외모지상주의자 금사빠의 가슴이 두근두근하는 것을 보여주는 것이 반전이다.

둘째, 반전은 작가의 결말을 독자가 전혀 예상할 수 없게 만드는 것이다. ②의 활동에서 미리 결말을 만들어본 경험은 이때 유용하게 쓰인다. 학생들은 자신이 원하는 결말을 먼저 만들어본다. 어떠한 결말이든 좋다. 학생들이 작가로서 매력적이며 재미있고 의미 있는 결말이라 여긴다면, 그 결말은 무조건 좋은 것이다.

문제는 결말 그 이후이다. 작가는 독자들이 자신의 결말을 예상할 수 없게 만들어야 한다. 그것이 반전이다. 소설의 첫 장을 펴면서부터 결말이 뻔하게 예상되는 소설을 사랑하는 사람은 없다. 설령 여느 장르물처럼 결국 결말은 그렇게 될 것이라고 독자가 짐작한다고 해도, 그 결말에 이르는 동안 독자는 끊임없이 자신의 짐작을 의심하고 불안해하고 두려워하며 다가오는 결말에 설레도록 해야 한다. 독자를 그렇게 만드는 것이 반전이다. 학생들은 자신이 바라는 결말을 먼저 정하고, 그것을 독자들이 전혀 상상할 수 없도록 이야기를 만들어 나가야 한다.

이를 이루기 위해서는 작가로서의 멘탈이 필요하다. 독자로서 작품을 보지 말고, 작가로서 작품을 봐야 한다. 이용자로서 작품을 보지 말고, 제작자로서 작품을 볼 수 있어야 한다.

예를 들면, 롤러코스터를 설계하는 사람을 상상하면 좋다. 롤러코스터는 이용자를 태우고 안전한 지점에서 출발해 다시 안전한 지점으로 돌아온다. 그 시작과 결말은 롤러코스터를 타는 이용자들 모두가 알고 있다. 그럼에도 불구하고, 이 롤러코스터의 이용자들은 롤러코스터가 급강하를 시작하면서부터 자신이 다시 그 안전한 지점으로 돌아갈 수 있을지 끊임없이 의심하고 불안해하며 두렵고 공포스러워한다. 만약에 이용자가 그러한 감정을 느꼈다면 이 롤러코스터는 성공이다. 롤러코스터 설계자는 이용자들이 그렇게 끊임없이 의심하고 불안해하며 두렵고 공포스럽게 만들어야 한다. 그 의심과 불안과 두려움과 공포를 얼마나 극적으로 체험하게 하는지 기획하는 것이 롤러코스터 설계의 핵심인 것이다. 작가는 롤러코스터의 이용자이면서 설계자여야 한다.

④ 인물 2명의 신상 털기

소설에는 반드시 2명 이상의 인물이 등장해야 한다. 주인공과 빌런도 좋고, 주인공과 친구도 좋고, 연인, 부모, 동료, 경쟁자 무엇이든 좋다. 다만 중요한 것은 무조건 주요 인물이 2명 이상이어야 한다는 것이다.

소설의 본령은 타인의 삶이다. 자신의 삶을 돌아보고 들여다보는 글에게는 일기와 에세이라는 훌륭한 무대가 있다. 그 어떤 변주도 허용하는 것이 소설이기에 소설도 일기나 에세이 같은 양식을 활용할 수 있지만, 소설의 본령은 역시 타인의 삶이다. 그것이 결국 작가의 눈에 비친 작가의 이야기라 하더라도, 그것이 '타인의 삶'을 재료로 만들어진다는 것은 중요하다.

학생들이 학습지를 따라 소설의 재료를 찾고, 소설의 시작과 끝을 쓰고, 소설의 반전을 계획하다 보면, 자연스레 두 명 이상의 인물을 만들게 된다. 그 인물들의 신상을 터는 것이다. 이름, 나이, 성격, 외모, 가족, 친구, 학교 등.

인물을 상상하는 일이 어떤 학생에게는 너무나 쉬운 일이다. 이야기를 상상하자마자 어느 특별한 인물이 너무도 선명하게 떠오르는 학생들이 있다. 작가로서의 자질이 풍부한 학생이다. 하지만 그렇게 하지 못하는 학생들도 있다. 이 학생들을 돕는 두 가지 질문이 있다.

첫째, 나의 인물은 어떤 외모를 가지고 있을까? 머리 색, 머리 스타일, 눈동자 색, 코의 모양, 피어싱의 위치, 키, 몸무게, 문신, 흉터, 목소리, 말투, 사투리, 호흡 등과 같은 인물의 외모를 먼저 상상하는 것이다.

외모는 중요하다. 우리의 외모에는 우리의 말과 행동과 성격과 가치관이 자연스럽게 배어 있다. 그 대단한 탐정들이 처음 만난 사람들의 외모와 말투를 보고 그들의 출신과 직업과 목적과 상황을 유추할 수 있는 것은 이 때문이다.

둘째, 나의 인물은 어떤 신발을 신고 있을까? 인물이 사용하는 사물을 구체적으로 상상해 보는 것이다. 반지, 팔찌, 목걸이, 상의, 하의, 벨트, 휴대폰, 연필, 피어싱, 양말 등 모든 소품들이 가능하다. 그 가운데 신발로 시작하는 것이 재밌다. 누구나 갖고 있으며, 카테고리가 뚜렷하면서도 종류가 다양하며, 같은 종류의 신발도 인물의 습관에 따라 전혀 다르게 관리되기 때문이다. 그래서 신발은 그 인물의 모습을 입체적으로 드러나게 하는 데 효과적이다. 모두에게 드러나 있지만 모두가 주목하지는 않은 인물의 성격, 습관, 욕망, 상처를 드러내는 데 효과적이다.

⑤ 선택의 이유 2가지 이상 쓰기

소설은 선택의 예술이다. 소설은 인간이 선택할 수 있는 영역의 확장을 따라왔다. 인간이 신을 선택하면 신이 소설이 되었고, 인간을 선택하면 인간이 소설이 되었으며, 우주, 전쟁, 재앙, 인공지능을 선택하면 그것들이 곧 소설이 되었다. 소설 속에서 사건이 발생하고 인물이 부딪히는 이유는 결국, 인물의 선택 때문이다. 그 소설이 자세하고 섬세하며 대단히 구체적으로 사건과 배경을 묘사한다고 해도, 결국 독자들을 설득해야 하는 부분은 '인물의 선택'이다. 대체 이 인물은 왜 그런 선택을 할 수밖에 없었던 것일까? 이 질문에 대한 매력적인 공감과 동의를 이끌어내지 못한다면 그 자세하고 섬세하며 대단히 구체적인 묘사는 결국 빛이 바랜다.

예를 들면, 우리가 엄청난 특수효과로 가득한 실감 나는 4D 입체영화를 본다고 해도, 도무지 등장인물의 선택에 동의도 이해도 공감도 되지 않는다면 우리에게 그 영화는 이야기가 아니라 그저 신기하고 환상적인 쇼일 뿐인 것처럼 말이다.

학생들은 자신이 만든 소설 속의 인물들이 어떤 선택을 하도록 해야 한다. 그리고 그 선택의 이유가 매력적인 공감과 동의를 이끌어낼 수 있어야 한다. 자신의 소설을 읽는 사람들이 충분히 동의하며 공감할 수 있도록 해야 한다. 쉽지 않다. 소설 창작에서 가장 어려운 부분이다. 소설에 등장하는 선택 중에서 최소한 2개 이상의 선택에 대해 설명해 주어야 한다.

⑥ 소설의 표지 그리기

소설의 표지를 그리는 활동이다. 그림과 낙서를 좋아하는 학생들을 위한 활동이다. 이제껏 이 학습지에서 상상의 재료는 언어였다. 때로는, 혹은 누군가에게는, 상상을 뻗어나가게 하는 데 그림이 더 유용하다. 그림을 잘 그릴 필요는 없다. 등장인물이 졸라맨뿐이어도 좋다. 중요한 것은 이 그림을 보고 학생들이 자신이 만들려는 소설의 주요 줄거리를 설명할 수 있어야 한다는 것이다. 학생들은 소설의 주요 인물과 소품, 주요 사건과 대사 등을 그림으로 옮긴다. 그림판에 여백이 없이, 그림으로 가득 채워줄 것을 요청했다.

(3) 수행평가 기준안 만들기

학습지 수행평가 기준안을 만들었다. 간단하고 명확한 기준이 필요했다. 그래서 다음과 같이 제시했다.

- 학습지의 ①, ②, ③ 질문은 필수이다.
- 학습지의 ④, ⑤, ⑥ 질문은 선택이다. 이 중에 2개를 골라서 작성한다.
- 학습지를 작성할 때, 각 질문에 대한 내용을 최선을 다해 채운다. 단, 마지막 줄에 단 한 글자만 넘어가도 채운 것으로 인정한다.
- 6개의 질문 중에서 6개의 질문에 모두 답하면, 대부분 최고점을 받을 것이다.

평가라는 나의 권한을 통해, 학생들의 몰입을 더 이끌어내고 싶었다. 강제력을 가지면서도 자발성을 이끌어내고, 학생들에게 공정하면서도 교사가 지치지 않는 수행평가 방법이 필요했다.

학습지 배점은 5점. 6개 각각의 질문에 답하는 글의 양으로 점수를 배치했다. 학습지 ①, ②, ③은 필수이다. 이 질문에 대한 답만 충실히 해도 3점이다. ④, ⑤, ⑥은 선택이다. 이 질문 중에 2개 이상을 충실히 작성하면 2점이다. 충실함의 기준은 각 질문의 마지막 줄까지 최대한 자신의 이야기를 채우는 것이다. 같은 내용을 반복하거나, 질문에 답을 불성실하게 했거나, 분량이 부족하면 그만큼의 점수만 받는다. 그래서 확실하게 5점 만점을 받고 싶다면 6개의 질문에 6개의 답을 모두 성실하게 작성하면 된다.

소설 창작의 배점은 10점. 8개 칸이 있는 표가 A4 4쪽에 걸쳐 있다. 학생들은 8칸 중에서 6칸 이상을 채워서 4쪽 이상의 소설을 쓰면 최고점을 받을 수 있다. 단, 4쪽에 단 한 글자라도 넘어가면 4쪽으로 인정했다. 쪽수를 통해 소설의 분량을 확인하고, 칸을 통해 소설의 구성을 확인하려고 했다.

물론 이러한 평가기준이 학생들의 제출물에 모두 완벽하게 엄밀한 기준이 되지는 못했다. 나의 평가기준을 오해한 학생도 있었고, 오역하는 학생도 있었고, 처음부터 읽지 않은 학생도 적지 않았으며, 쓰다 보니 너무 몰입해서 본의 아니게 평가기준을 무시하게 되어버린 학생도 있었다.

하지만 이런 일들은 아무리 수행평가 기준을 엄밀하게 정해도 늘 일어나는 일이다. 그래서 그리 두렵지 않았다. 내가 정말 두려운 것은 다른 데 있었다. '이 정도의 준비면 웹소설 쓰기 수업이 제대로 될까? 내가 만나는 학생들의 대부분이 소설 쓰기에 몰입할 수 있을까?' 그 두려움의 핵심은 이것이었다. '학생들의 자발성을 끌어내려면, 대체 어떻게 해야 할까?'

(4) 학생의 자발성을 끌어내는 수업 기획

나에게 이 수업은 여전히 위험해 보였다. 소설 수업을 하고, 학습지를 만들고, 수행평가의 기준을 명확히 제시한 것만으로는 이 수업이 성공하기 어려워 보였다. 아니 실패할 위험이 더 커보였다. 왜냐하면 지금 진행하려는 수업은 창작이기 때문이다.

국어 교과에 여러 영역이 있지만, 창작만큼이나 역동적인 자발성이 필요한 영역이 또 있을까? 국어 교과의 다른 영역에는 늘 있는 간단한 과제들, 이를테면 가볍게 반복하거나 대입하면 쉽게 해결할 수 있는 과제들, 그래서 어렵지 않게 성취감을 느낄 수 있는 과제들이 창작의 영역에는 없다. 창작의 영역에서는 어느 작은 질문 하나에도 참가하는 학생의 자발적인 몰입과 정성이 필요했다.

무엇을 더 준비해야 할까? 정말 나는 이 수업에서, 이 정도로 학생들의 자발성을 이끌어낼 수 있을까? 학생들이 이 수업에서 원하는 것이 무엇일까? 점수일까? 점수 1점을 더 준다면 학생들의 자발성이 더 크게 나올까? 내가 바라는 것은 점수 1점만큼의 열정인가? 아니다, 그건 아닐 것이다. 그럼 어떻게 해야 할까? 어떻게 해야 수행평가 점수 1점 따위로는 도저히 불가능한 학생들의 열정을 끌어낼 수 있을까? 수업 시간이 끝나도록 볼을 붉히면서, 눈빛을 빛내면서, 영혼이 타는 듯이 자신의 글에 온 마음을 쏟아붓는 학생들의 얼굴을 만나려면, 대체 나는, 무엇을 더, 어떻게 해야 할까?

학생들의 작품을 세상과 만나게 하자.

이것이 나의 결론이었다. 수행평가 1점으로는 도저히 채울 수 없는 만족을 학생들이 느끼도록 해주고 싶었다. 하나의 이야기를 완성하고 난 후의 감동과 성취와 인정과 인기의 세례를 학생들에게 만들어주고 싶었다. 애써 만든 자신의 작품이 수행평가 후 종이 더미 속으로 사라지는 것이 아니라, 세상에 나아가 사람들을 만나 말하고, 듣고, 묻고, 대화를 나누는 것을, 그것을 지켜보는 일을 경험하게 해주고 싶었다. 그것이 얼마나 즐겁고 신나며 벅찬 일인지 느끼게 해주고 싶었다. 만일 그것이 가능하다면, 나의 학생들은 이 수업이 끝난 후에도, 소설을 읽고 소설을 쓰는 일에 더 큰 호감을 갖게 되지 않을까 싶었다.

방향을 잡으니, 방법이 보였다. 그래서 학생들과 함께 웹소설 쓰기 수업을 진행했다.

2. 웹소설 쓰기 수업

(1) 동기 유발과 학습지 안내

네이버 밴드에 '웹소설 쓰기 수행평가' 공간을 만들었다. 학생들의 온라인 접근성이 좋고, 친근한 브랜드가 가진 힘이 있었다. 무엇보다 학생들이 쓴 글을 댓글에 파일 첨부로 받으면, 그 모든 파일을 한 번에 내려받을 수 있는 기능이 마음에 들었다.

소설이라 하지 않고 웹소설이라 했다. 웹툰과 웹소설에 익숙한 학생들이 보다 친근하게 시작해서, 더 높은 곳에 도달하기를 바라는 마음 때문이었다.

밴드에 먼저 웹소설로 수억 원의 수익을 낸 작가들의 이야기를 실었다. 대부분의 어른들과 마찬가지로, 대부분의 학생들도 돈에 대해 관심이 많기 때문이다. 글쓰기가 돈이 된다는 것을 명확히 확인해 주고 싶었다. 돈이 전부는 아니지만, 돈은 못해도 절반은 된다. 무엇보다 '돈' 이야기는 중요하며, 그 자체로 매력적이다. 나는 소설 쓰기에 대한 학생들의 호감이 열정으로 번지기를 바랐다. 그럴 수 있다면 학생들 마음에 지필 작은 불씨도 내게는 모두 소중했다.

그리고 소설 쓰기 양식을 공유하며 양식 사용 방법을 안내했다. 글씨체와 글씨 크기를 바꾸지 말고, 최소한 4쪽 이상 분량의 작품을 완성해 달라고 요구했다. 최대한 간단하고 명료하게, 쉽고 지루하지 않게 하려고 애썼다. 그런 다음에, 가장 중요한 글을 남겼다.

학생들이 제출한 작품 중에서 수행평가 10점을 받은 작품들, 그 중에서도 온라인 세상에서 크게 호응을 받을 만한 작품들을 '네이버 웹소설'에 업로드한다는 글이었다. 네이버에서 검색하면 자신의 작품을 볼 수 있게 하겠다는 약속이었다. 그러니 부디 재밌는 작품을, 의미 있는 작품을, 마음껏 상상하되 치밀한 작품을 만들어주기를 부탁하는 글이었다.

1차시 수업 시간. 교실에 들어가 '웹소설 쓰기 수행평가'를 학생들에게 안내하고, 노트북을 나누어주고, 네이버에 로그인하도록 도와주고, 온라인으로 과제를 확인한 후에는 오프라인으로 학습지를 작성하도록 안내했다. 그렇게 수업을 시작했다. 그랬더니 재밌는 일이 벌어졌다.

학생들이 시키지도 않은 토론을 맹렬히 하기 시작했다. 자신의 이야기를 전하며 상황과 인물을 따지고 맥락과 인과관계를 살피기 시작했다. 교실의 여기저기에서 온갖 드라마와 소설의 한 부분이 튀어나왔고, 웃음과 비판과 놀라움의 탄성이 흘러나왔다. 학생들은 작품에 몰입하며 나 따위는 거들떠보지도 않았다. 내가 분명 교실에 있는데, 아무도 내게 신경을 쓰지 않는 듯했다. 내가 정말 좋아하는 수업의 순간.

하지만 내게 무엇보다 즐거운 순간은 학생들이 소설을 만들며 타인과 세상의 패턴과 구조를 통찰하는 때였다. 소설의 안과 밖에서 자신의 감정과 논리를 파고들 때였다. 그래, 너의 눈에 비친 세상은, 너의 마음에 그려진 너는, 그런 모습이었구나. 그렇게 학생들의 진짜 얼굴을 마주하게 될 때마다 함께 들려오는 소리들이 있었다.

- 아, 진짜, 완전 머리 아파. 나 너무 머리 많이 썼나 봐.

- 학교 와서 유일하게 머리 쓰는 시간이에요.

- 샘, 이거 시간 좀 더 주시면 안 돼요?

– 샘, 저 집에서 이거 해도 돼요?

– 벌써 끝났어요?

– 와, 대박! 샘, 저 진짜 컨택 오면 어떡하죠? 완전 재밌어요.

교실의 분위기는 내내 명랑했다. 명랑하면서, 진지했다. 평소에 자신이 즐기던 웹툰과 웹소설의 세계에 자신의 작품이 진입할 수도 있다는 가능성이 학생들의 명랑과 진지를 더 이끌어낸 것일까? 모르겠다. 나는 그저 즐거웠을 뿐이다. 나는 그저 감사하며, 학생들의 명랑함과 진지함을 한껏 응원했다.

와, 대박! 엄청난데? 진짜 훌륭하다, 대단해! 이거 정말 너 혼자 쓴 거야? 세상에…… 당장 데뷔해랏! 어떻게 이런 생각을 했어? 멋지다. 글 써라, 넌, 앞으로도 계속. 진짜, 꼭이닷!

그리고 응원의 끝에 다시, 나는 정중하게 물었다.

네가 독자라면, 네가 관객이라면, 네가 유튜버라면, 이만한 이야기에 좋아요를, 하트를, 댓글을 보내겠니? 그래? 왜? 아니야? 그건 왜? 그렇지? 그럼 어떻게 해야 할까? 어떻게 해야 좋아요를, 하트를, 댓글을 받게 할 수 있을까? 음…… 그래, 그렇지. 와, 멋진데. 그런데 이런 건 어때?

대화 속에서, 학생의 눈이 깊어졌다. 나의 물음은 또 다른 물음이 되어 학생의 안에서, 학생의 밖에서 메아리가 되었다. 묻고 또 묻는 소리들이 교실에 가득했다.

(2) 학습지 완성하기

2차시에는 1차시의 대화를 반복했다. 학생 전체에게 전하는 안내는 최소로 줄였다. 학생 전체에게 하는 설명은 최대한 쉽고 간결하고 명확하게 하고, 구체적인 질문은 개인별로 받았다. 나는 학생들의 사이를 뛰어다니며 다시 학습지를 안내하고, 다시 대화를 나눴다. 한 명의 학생마다 5분을 넘기지 않으려 애썼고, 똑같은 질문도 새롭게 대하려고 애썼다.

벌써 2차시가 지나가는 중이었지만, 사실 이 수업은 12차시 전에 시작된 것이었다. 2학기 첫 시간에 수업을 안내하면서 소설 수업과 수행평가를 먼저 예고했다. 4차시의 소설 수업을 3회 진행하면서, 틈날 때마다 소설 창작 수행평가를 강조했다. 지금 배우는 소설의 스킬을, 심리를, 메시지를 곧 써먹어야 한다고 이야기했다. 기억하며 익히는 것도 배움이지만, 실행하며 써먹는 것은 더 큰 배움이라고 반복했다. 혹시나 가능하다면 이야기를 미리 만들어두기를 요청했다. 그렇게 해두면 평가에 크게 도움이 될 것이라고 전했다.

역시나 미리 이야기를 만들어 온 학생은 거의 없었다. 그러나 다행인 것은, 웹소설 쓰기 수업의 시작부터 학생들의 몰입감이 남달랐다는 것이다. 엄청 힘든 일이지만, 이미 알고 있는 힘든 일이어서, 힘든 데 뭔가 익숙하게 해내는 느낌이랄까. 나의 걱정보다 학생들은 쉽게 이야기 만들기에 몰입했다.

학생들에게 학습지를 먼저 완성하도록 했다. 1차시가 끝나기도 전에 벌써 학습지를 완성하는 학생도 있었다. 아마도 구체적인 준비를 하지는 않았지만, 이런 이야기를 쓰겠다는 상상은 몇 번이나 해본 학생이 아니었을까 싶었다. 대부분의 학생은 2차시를 지나면서 학습지를 완성했다.

학습지는 설계도이다. 설계도를 만들어야 이야기를 지을 수 있다. 물론 이야기를 짓다 보면 설계도와 어긋날 수 있다. 그래도 설계도는 중요하다. 지금 나의 이야기가 설계도와 어긋났다는 것을 알고 있어야, 어긋난 이야기를 다시 고치기 쉽다. 어긋난 이야기에서 새로운 이야기를 찾아냈더라도, 이야기의 시작과 매끄럽게 이어붙이려면 설계도가 유용하다.

학생들이 학습지를 완성하면 내가 검토를 하고, 검토를 받은 후에야 노트북에 소설을 쓰게 했다. 네이버 밴드 '웹소설 쓰기 수행평가' 페이지에 접속해 수행평가 양식을 다운받게 하고 그 양식에 자신의 소설을 쓰게 했다. 그렇게 수업 시간 내내 소설을 쓰다가, 수업 마치기 5분 전에 자신이 쓴 소설을 '학번, 이름'의 제목으로 저장해서 다시 '웹소설 쓰기 수행평가' 페이지에 비밀댓글로 저장하도록 했다. 먼저 저장한 파일이 있으면, 자신의 새로운 파일을 업로드한 후에 이전 파일은 지우도록 했다. 서두르지 말고 정확하게, 천천히 신중하게 하도록 했다. 하다가 정 모르겠으면 나를 부르게 했다. 정말 중요한 작업이었기 때문이다. 40분 동안 열정을 다해 작성한 원고가 한 번의 실수로 날아갈 수 있었다. 이렇게 당부해도 실수로 원고를 날리는 학생이 더러 있었다. 대부분은 한글 프로그램의 자동 저장 불러오기로 되살려낼 수 있었지만, 가끔은 도와줄 수 없을 때도 있었다. 그런 때에는 학생을 달래고 추가 시간을 더 주었다. 점심시간이나 방과후의 어느 시간을 지정해서 그런 학생들을 모아 한꺼번에 진행했다.

(3) 학생들과 이야기를 만들어가는 방법

3차시에 노트북을 다시 나눠주자, 학생들이 맹렬히 자신들의 세계에 몰입했다. 그 와중에 몇 명의 학생이 도움을 청했다.

> 선생님, 소설 쓰기를 어떻게 시작해야 해요?

그런 학생들을 만날 때면 나는 다시 학생에게 물었다.

> 지금 어때? 네가 완성한 학습지를 읽어보면, 머릿속에서 네 소설의 첫 장면이 영화의 첫 장면처럼 바로 시작되니?

그렇다고 답하는 학생들이 있었다. 그렇다면 망설이지 말고 머릿속의 영상을 따라가라고 전했다. 다만 부탁은 그 영상을 천천히, 침착하게 따라가라는 것이었다. 네 머릿속에서 진행되는 그 영화를 조금 느린 속도로 따라가면서, 네 뒤를 따라올 두 살 어린 동생도 너의 영화를 놓치지 않도록 친절하게 설명해 달라고 말했다. 너의 소설을 두 살 어린 동생이 읽어도 즐거울 수 있도록, 그만큼 충분히 자세하게, 그만큼 충분히 재미있게 이야기를 남겨달라고 전했다. 그렇게 쓰다가 자신의 글이 A4 한 쪽의 절반 정도 크기인 '학습지 한 칸'을 넘어서면, 그 부분에서 가볍게 문장을 마무리하고 다음 칸으로 넘어가 이어서 쓰도록 했다.

아이디어는 있는데, 처음에 시작을 어떻게 해야 할지 모르겠어요.

이렇게 말하는 학생들이 많았다. 그런 학생들에게는 최근에 본 영화나 드라마 세 편을 떠올려 보라고 했다. 그중에 가장 재미있게 본 한 편을 골라 그 영화와 드라마의 첫 5분이 어떻게 진행되었는지 나에게 설명해 달라고 했다. 기억이 안 나면 지금 다시 찾아보고, 그 5분을 나에게 설명해 달라고 전했다. 학생들이 그 5분을 설명해 주면, 나는 가만히 들었다. 그리고 그 장면을 예로 들면서 학생에게 다시 물었다.

너는 너의 영화를 만들 때, 첫 5분을 어떻게 만들고 싶니?

학생과 대화를 나누며 아이디어를 찾았다. 학생이 말한 영화의 5분을 따라 장면을 상상하고, 서술자의 위치를 정하고, 독자에게 알려줄 것과 나중에 알려줄 것을 정하고, 그러면서 독자의 호기심과 상상을 자극할 떡밥을 찾았다.

전체적인 내용은 만들었는데, 어디부터 어떻게 시작해야 할지 모르겠어요.

풀이 죽은 채로, 기운 없이 도움을 요청하는 학생들도 더러 있었다. 이런 학생들에게는 다음과 같이 말했다.

좋아. 지금 학습지를 보면, 전체 줄거리는 만든 거지? 잘했어. 그럼 그 줄거리를 6개의 주요 장면으로 만들어보자. 그리고 아이디어가 떠오르는 대로, 여기저기에 이야기를 덧붙여 보자. 먼저 각 에피소드마다 소제목을 정하면 생각보다 이야기가 쉽게 풀리더라. 일단 6개의 주요 장면을 나눠보자.

그렇게 말하고 슬쩍 학생의 곁을 떠났다. 학생이 마음껏 자신의 이야기에 빠져들기를 바랐다. 학생이 다 만들었다고 하면 다시 곁에 다가가, 나는 그 학생의 두 살 어린 동생이 되었다. 그리고 학생의 소설에 대해 물었다. 누가, 언제, 어디서, 무엇을, 왜 했는지, 이 사건과 이 사건은 어떻게 연결된 것인지, 이 사람은 왜 이 사람을 이렇게나 싫어하고 좋아하고 미워하고 사랑하는지 물었다. 나의 질문에 답해주는 학생의 이야기를 듣고, 나는 늘 말했다.

멋지다. 지금까지 나에게 한 이야기를 쓰면 돼.

(4) 수업에 참여하지 않는 학생들을 대하는 방법

4차시에 다시 노트북을 나누어주었다. 학교에 지급된 노트북을 카트에 싣고 교실에 들어섰다. 가능하면 수업 시작 5분 전에 교실에 들어가고, 수업 종료 5분 후에 나왔다. 소설을 쓰고 싶어 하는 학생들이 작업 시간을 조금이나마 더 활용할 수 있도록 돕고 싶었다.

돌아보면, 노트북을 활용할 수 있는 환경이 큰 도움이 된 것 같다. 학생들은 종이에 손으로 글을 쓰는 것을 정말 힘들어했다. 컴퓨터실로 이동해서 글을 쓰는 것도 좋아하지 않았다. 내가 5, 6년 전에 만난 학생들의 반응과는 또 달랐다. 그런데 노트북으로 제안하는 글쓰기 수업에 대해서는 굉장히 호의적이었다. 나는 그 작은 호의와 호감도 반가웠다. 수업의 동력으로 삼을 수 있다면 어떤 작은 호감도 놓치고 싶지 않았다.

노트북과 함께 휴대폰 사용도 허용했다. 이 수업은 소설 창작이었으므로, 나는 학생들에게 검색의 영역을 제한할 수 없었다. 자신의 인스타에서, 페북에서, 유튜브 릴스에서도 이야기는 얼마든지 만들어질 수 있었다. 물론 걱정이 되는 학생이 있었다. 그럴 때면 나는 다만 그 학생에게 다가가 안부를 묻고, 좋은 소설을 부탁한다는 말을 건네고, 이 작업에 허락된 시간이 다섯 시간뿐이라는 것을 전할 뿐이었다.

다행히 대부분의 학생들은 이 정도의 요청만으로도 규칙을 잘 지켜주었다. 개인의 세계로 넘어갔다가도 다시 수업의 세계로 돌아왔다. 물론 명랑함과 진지함이 넘치는 학급에서도, 10명의 학생들 중에 1명은 수업에 참여하지 않았다. 어떤 학급은 10명 중에 3명까지도 수업에 참여하지 않았다. 나는 마음을 다해 그들을 설득했다. 시간과 기회를 주고, 방법과 도구를 안내했으며, 질문과 요청에 기꺼이 대응했다.

그럼에도 수업에 참여하지 않는 학생들이 있었다. 나는 그 지점에서 그들의 의지를 존중했다. 내가 아무리 학습적으로 정당한 훈육을 할 수 있는 순간이라도, 학생과 감정적으로 부딪히는 상황에 이를 것 같으면 나는 먼저 멈추었다. 대한민국의 교육은 학생의 취향과 선택을 더 존중하는 방향으로 나아가고 있다. 학생의 신체 부위 어느 하나라도 움직일 수 있는 권한이, 현재 대한민국의 교사에게는 없다. 등교한 학생이 4시간째 내리 엎드려 자고 있어도, 이 학생의 몸을 흔들어 깨울 수 있는 권한은 현재 대한민국의 교사에게 없다.

하고 싶다는 의지를 존중하는 만큼, 하고 싶지 않다는 의지도 존중하고 싶었다. 아니 어쩌면, 그럴 수밖에 없는 것 같기도 하다. 이만한 설득과 이만한 요청과 이만한 권위에도 도무지 움직이지 않는 그 마음을 억지로 움직이게 하는 방법을 나는 아직 알지 못한다.

학생들의 참여를 최대한 설득하되, 학생들의 의지를 결국 존중하면서, 나는 참여하지 않는 학생들을 미워하지 않으려고 애썼다. 마음을 다해 애썼다. 나도 사람이다. 내가 정성을 들여 준비한 것을 눈빛 하나 주지 않고 외면하는 학생들에게 어떻게 서운한 마음이 없을까. 그래도, 미워하지 않으려고 애썼다. 미워하지 않아야 했다. 미워하지 않아야, 언제든 이 학생들이 다시 내게 다가올 때, 기꺼이 그 손을 잡을 수 있었다. 언제 그런 날이 올지 모르고, 아마도 그런 날은 오지 않겠지만, 그러다 오게 될 어느 날에도 나는 그 손을 꼭 잡고 싶었다.

(5) 수행평가 기간 중 결석한 학생들을 도와주는 방법

5차시 수업을 진행하는 동안 자연스럽게 결석하는 학생이 발생했다. 5차시의 수업은 그 자체로 5차시의 수행평가여서 미인정결석이 아니라면 평가의 공정함을 확보하기 위해 결석한 학생에게도 같은 시간을 확보해 주어야 했다.

문제는 생각보다 결석 학생이 많다는 것이었다. 질병결석과 상고도 있었지만, 감염병과 자격증 시험으로 인한 인정결석이 많았고, 생각보다 생리결석도 많았다.

나는 매시간 수업을 시작할 때 출석부를 체크하고 나서 출석부 사진을 한 장씩 찍어두었다. 결석 학생의 명단을 나중에라도 쉽게 확인하기 위해서였다.

수행평가 추가 시간은 매주 금요일 방과후 1시간과 금요일 점심시간 1시간으로 운영했다. 장소는 비어 있는 컴퓨터실을 활용했다. 현재 우리 학교에서 금요일은 다른 요일보다 한 시간 일찍 6교시에 수업이 끝났기 때문이었다. 그러나 학생들은 내가 생각한 것보다 더 바빴다. 학원에 가야 했고, 알바가 있었고, 수업이 있었다. 물론 조금 일찍 주말의 여유를 즐기고 싶은 마음도 적지 않았을 것이다. 그래서 금요일 점심시간 1시간도 추가하여 운영했다. 그렇게 시작한 후 매주 금요일은 수행평가 추가 시간으로 못을 박았다. 앞으로 진행할 수행평가에서도 내내 결석 학생은 있을 것이기 때문이었다. 나도 학생들도 헷갈리지 않게 금요일로 정했다.

나는 금요일 수행평가 추가 시간마다 컴퓨터실에 앉아서 학생들을 기다렸다. 학생들이 출석하면 칠판에 자신의 학번과 이름을 직접 쓰도록 했다. 그리고 추가 시간이 끝나면 나는 휴대폰으로 칠판을 촬영해서 네이버 밴드에 업로드했다. 그렇게 추가 시간에 참여한 학생들을 파악했다. 이렇게 애써서 추가 시간을 배려해 주었는데도 특별한 사유 없이 무단으로 결석한 학생에게는 더 이상의 추가 시간은 없다는 경고도 함께 올렸다.

(6) 댓글 쓰기 수업을 진행하는 방법

5차시에 걸쳐 진행한 웹소설 쓰기 수업이 모두 끝났다. 그리고 2회고사 시험 기간이 다가왔다. 나는 이 시기에, 소설 창작 수업에서 가장 중요한 작업을 시작했다. '네이버 웹소설'에 업로드할 작품을 선별하는 작업이었다.

먼저 네이버 웹소설에 작가 계정을 만들어야 했다. 이건 아주 간단한 일이었다. 네이버 계정이 있는 사람이라면 누구나 5분이면 만들 수 있다. '네이버 웹소설'을 검색한 후 자신의 작가 계정을 만들면 된다. 여느 회원가입 절차와 크게 다르지 않다. 한번 만들어두면 내내 작품을 올릴 수 있다. 해마다 다른 테마로 다른 작품을 올릴 수 있다. 나는 소설 창작 수업을 하는 해마다 새로운 작품모음집으로 올리고 있다.

수행평가는 그 자체로 1차 예심이었다. 수행평가를 하면서 나는 분량과 절차와 규칙을 모두 지킨 작품에 대부분 10점을 주었다. 시험 기간에 10점을 받은 작품들을 다시 읽으며 '네이버 웹소설'에 올릴 작품을 최종 선발했다. 무슨 대단한 기준은 없었다. 그저 내가 읽었을 때 재미있고, 의미 있으며, 매력이 느껴지는 작품들이라면 바로 수행평가 엑셀표에 분홍색 표시를 해두었다. 이것은 공적인 평가가 아니었고, 나의 계정에 올리는 개인적인 컬렉션이었으므로, 공정함을 이유로 어느 누구로부터든 원망을 들을 일이 될 수 없었다. 그래서 나는 처음부터 수업을 안내하며 학생들에게 이렇게 말했다.

> 학생들의 작품 중 매력적인 작품은 네이버 웹소설에 공개할 겁니다. 공개는 익명으로 할 거예요. 공개된 글이 누구의 작품인지 우리는 모르지만, 작가님 본인은 알 겁니다. 선정된 작가님에게 두 가지의 부탁이 있습니다. 첫째, 자신의 이름이 알려지기를 원하는 작가님은 비밀

> 댓글로 자신의 뜻을 밝혀주세요. 바로 작가님의 이름을 공개하겠습니다. 둘째, 이름 없는 작품으로라도 자신의 작품이 공개되기를 원하지 않는 작가님은 비밀댓글로 자신의 뜻을 밝혀주세요. 아쉽지만 작가님의 작품을 삭제하도록 하겠습니다.

2회고사 시험 기간이 끝나고, 나는 가장 신나는 수업을 기다렸다. 5차시의 소설 창작 수업은 끝났지만, 실질적으로 소설 창작 수업의 6차시에 해당하는 수업이었다. 이른바, 댓글 쓰기 수업 시간이다.

2회고사가 끝난 후부터 방학 전까지의 시간은, 교사에게는 너무 바쁘고 학생들에게는 너무나 여유로운 시간이다. 그 시간의 어느 하루에 나는 교실에 들어가 학생들에게 미션을 공개했다. 이 미션을 마치고 나면 남은 시간은 무조건 자유시간을 주겠다고 약속하며 다음의 말을 전했다.

> 여러분, 축하드립니다. 약속한 대로, 여러분의 소설이 네이버 웹소설 챌린지리그에 업로드되었습니다. (우어어어~ 학생들의 놀람이 담긴 웅성거림) 오늘의 미션을 안내합니다. 지금 네이버 웹소설에 접속해서 친구들의 작품을 읽은 후에, 가장 마음에 드는 작품 세 편을 선정해서 각각의 작품에 세 줄 이상의 댓글을 남겨주세요. 첫 줄은 작품이 마음에 든 이유, 둘째 줄은 기억에 남는 대사 혹은 장면, 셋째 줄은 그 장면 혹은 대사가 기억에 남는 이유. 비판은 절대 남기면 안 됩니다. 마음에 안 들면 그냥 댓글을 남기지 마세요. 무플이 최고의 비판입니다.

나의 설명을 듣기도 전에, 학생들은 이미 '네이버 웹소설'에 접속해 있었다. 자신의 작품이 선정되었는지 확인하려는 마음이 먼저였을 것이다. 그리고 어느 반에서든 그 소설이 누가 쓴 것인지 기가 막히게 찾아내는 학생이 있다. 그렇게 강제로 커밍아웃을 당한 학생들 중에는 발그레한 얼굴로 외면하는 학생도 있었고, 자기는 아니라고 어색한 화를 내는 학생도 있었고, 그렇게 알려지기 전에 웃음을 참지 못하고 스스로 드러내며 댓글을 많이 달라고 당당하게 요구하는 학생도 있었다.

> 댓글을 다 쓴 학생은 댓글 쓴 화면을 스크린샷으로 저장해서 각 세 장의 사진을 선생님한테 보여주세요. 내용을 보려는 건 아니고, 댓글 세 개를 썼다는 것을 확인하려는 것이니, 부탁합니다.

말은 그렇게 했지만, 학생들의 댓글을 내가 전부 확인하겠다는 마음은 조금도 없었다. 그저 친구들의 작품 앞에 쭈뼛쭈뼛 서 있는 학생들의 등을 살짝 밀어주고 싶었을 뿐이었다.

그렇게 말하고 나는 가만히 작품을 읽고 있는 학생에게 다가가 어떤 작품을 읽고 있는지, 어떤 작품이 좋았는지 물었다. 기꺼이 댓글을 작성해서 나에게 스크린샷을 보여주는 학생들에게는 진심으로 감사를 전했다. 이제는 편히 자유시간을 누리라고 놓아주었다. 그러나 그럼에도 다시 친구들의 소설로 돌아오는 학생들이 적지 않았다.

이제까지 겪어본 바로는, 이만한 요청만으로도 학생들의 참여는 대단했다. 다들 열심히 읽었고, 열심히 댓글을 써주었다. 댓글도 대부분 정성스럽게 써주었다. 특히나 작가님이 된 학생들은 자신의 글에 달린

댓글을 몇 번이고 다시 읽었고, 다른 친구들의 작품에 더 정성스럽게 댓글을 써주었으며, 그렇게 댓글 세례를 받고 난 후에는 자신의 작품도 다시 몇 번을 읽었다.

나는 그런 학생들의 사이를 내내 거닐었다. 그러면서 나는 진심으로 바랐다. 나의 학생들이 앞으로도 읽고 쓰고 댓글을 달며 즐거워하기를. 어떤 모습으로 살아가든 지금처럼 재밌게 읽고, 즐겁게 쓰고, 명랑하게 댓글을 달기를 바랐다. 나의 학생들이 어느 곳에서 어떤 일을 하면서도, 누군가와 통했을 때의 이 짜릿한 즐거움을, 그 깊고 진하며 매력적인 즐거움을, 앞으로도 내내 누리기를 바랐다.

그래서 마지막으로, 늘 하던 나의 마지막 미션을 전했다. 앞으로 어느 서점에서든 나를 찾아내면, 그러니까 어느 날 어느 서점에서 나를 발견했을 때 모른 척 지나가지 않고 내게 인사를 해주면, 내가 반드시 그날 밥을 사주겠다고 했다. 밥과 함께 책도 한 권 꼭 사주겠다고 했다. 학생들이 웃었다. 나도 웃었다. 물론 야유도 있었다. 자기는 절대 그럴 일이 없을 거라고도 했고, 이 정도면 그냥 안 사주겠다는 말이라고도 했지만, 우리는 함께 웃었다. 그렇게 함께 웃으며, 나는 정말 그렇게 되기를 바랐다.

수업 사례 3 - 4차시 수업안

모둠으로 연재소설 쓰기

최인영

수업 개요

혼자 소설을 쓰게 하려면 교사가 가르쳐야 할 게 많다. 학생이 저마다 온전한 작가가 되어야 하기 때문이다. 모둠으로 쓰도록 하면 친구들끼리 서로 모자란 부분을 채워주기 때문에 교사가 가르쳐야 하는 몫이 줄어든다. 교실 수업에서는 네 시간만 활동했고 나머지는 온라인 밴드에서 모였다. 4주 동안 이런 과정으로 진행했다.

1주	대면 (교실)	수업 시간에 모둠소설 창작을 위한 계획 세우기 • 1차시: 모둠소설 창작 과정을 자세히 안내 • 2차시: 모둠회의 ⇒ 소설 창작 계획서 작성하기
2주	비대면 (밴드)	모둠소설 연재하기: 첫 번째 한 바퀴
3주		모둠소설 연재하기: 두 번째 한 바퀴
4주	대면 (교실)	엮어서 책으로 만들어 제출하기 • 3차시: 출력해서 책으로 만들기 • 4차시: 삽화 그리고 표지 만들기, 개인 평가서 작성하기

하지만 이 방법은 신중하게 선택해야 한다. 학생들로서는 배우지 않고 활동하는 셈이기 때문이다. 특히 평가에서는 더 조심스럽다. 시기나 지역마다 평가 지침이 조금씩 다른데, 수업 시간을 벗어난 활동을 평가에 반영하는 일은 대체로 삼가는 분위기다. 여기서 제안한 방식을 그대로 따르기보다는 여러 지침을 잘 살펴서 어긋나지 않도록 유연하게 설계해야 한다.

1. 차시별 수업 과정과 방법

(1차시) 모둠 만들기

모둠으로 소설 쓰기 수업을 할 때 가장 큰 걸림돌은 '모둠'이다. 학생들이 모둠활동을 그리 탐탁하게 여기지 않기 때문이다.

> 모둠활동에 대한 추억이 그리 아름답지만은 않을 겁니다. 하지만 학자들이 입을 모아 얘기하듯이, 협력학습 능력은 여러분이 사회에서 살아가는 데 가장 핵심적인 능력 가운데 하나입니다. 힘들어도 운동을 해야 몸을 건강하게 유지할 수 있듯이, 모둠학습도 마찬가지입니다. 힘들다고 외면하면 체력은 점점 약해집니다. 힘들지만 몸에 좋은 운동이라 생각하고, 모둠활동을 통해 협력학습 능력을 길러보세요.

이렇게 장황하게 설득할수록 아이들의 의심은 커진다. 아이들은 멀리 있는 교육적 의도보다 가까이 손에 잡히는 걸 원한다. 모둠으로 소설을 쓰면 혼자 할 때보다 훨씬 편하고 쉽다는 걸 믿게 해야 한다. 그 믿음은 교사의 '기획'에서 비롯된다. 모둠으로 소설을 창작하는 과정을 차분하게 설명해야 한다. '할 만하다'는 판단이 서면 모둠활동에 대한 거부감도 줄어든다.

모둠은 네 명을 기준으로 아래와 같이 역할을 나눈다.

- 사회자(큰입): 회의 진행, 전체 일정 관리, 친구들이 소설을 제시간

에 올리도록 독려

- 관리부장(큰귀): 밴드를 만들어 모둠 친구들과 교사를 초대. 회의 내용 정리하여 올리기
- 편집부장(큰눈): 소설을 다 쓰면 파일 하나로 묶기 ⇒ 앞뒤 안 맞는 부분, 맞춤법 등 교정
- 디자이너(큰손): 편집한 파일을 출력 ⇒ 실제 책으로 만드는 역할. 미술 관련 재능이 필요

사회자는 친구들이 각자 맡은 역할을 제시간에 완수할 수 있도록 독려해야 한다. 그렇게 하려면 소설 창작의 과정을 완전히 이해하고, 모둠 구성원 각자의 역할을 꿰뚫고 있어야 한다. 가끔 자신의 역할을 힘들어하는 친구가 있을 때 도와주기도 한다.

관리부장은 응원단장 같은 역할이다. 모둠 친구들이 활동할 수 있도록 밴드를 만들고 관리하며, 회의한 내용을 정리해서 밴드에 올리기도 한다. 친구들이 편하게 활동할 수 있도록 배려하고, 친구들이 힘들어할 때 유쾌한 분위기를 만들어서 흥을 돋우는 역할이다.

편집부장은 꼼꼼해야 한다. 친구들이 소설을 쓰면 파일을 모아서 양식에 맞게 편집하고, 맞춤법이나 띄어쓰기를 고쳐주기도 한다. 각자 돌아가며 소설을 쓰느라 앞뒤가 어긋난 부분도 있을 텐데, 그걸 정리하는 역할도 한다.

디자이너는 미술 분야 진로를 생각하고 있는 친구에게 적절하다. 소설책 표지도 만들고 소설 내용에 어울리는 삽화도 그린다. 표지나 삽화는 가능하면 모둠 친구들과 함께 그리면 더 좋다. 파일을 출력해서 실

제 책으로 엮는 과정을 주도한다.

1차시 수업에서 네 가지 역할을 꼼꼼하게 설명하고, 수업을 마칠 때 각자 맡고 싶은 역할을 1지망에서 3지망까지 적어 내도록 한다. 그것을 바탕으로 모둠을 편성했는데, 때로는 담임교사와 상의해서 너무 친하거나 불편해서 같은 모둠에 넣으면 안 되는 학생들을 떼어놓기도 했다.

(2차시) 창작계획서 작성하기

두 번째 시간에 모둠을 발표하고, 바로 모둠끼리 모여서 활동을 시작한다. 소설 창작의 뼈대를 세우는 시간이다. 가장 공을 들이는 부분이 인물 만들기인데, 인물이 구체적이고 생생하면 그 힘으로 사건이 스스로 굴러간다.

다음으로 소설 전개 단계에 따라서 전체 줄거리의 윤곽을 어느 정도 정하도록 했다. 이걸 하지 않으면 소설이 갈팡질팡 길을 잃거나 심지어 첫 회부터 주인공을 죽이는 참극이 펼쳐지곤 한다. 물론 그런 불상사가 생겨도 크게 염려할 필요는 없다. 모둠 친구들끼리 옥신각신 한바탕 난리를 치고는 2회부터 과거로 회귀하는 묘수를 찾아내곤 한다. 모둠으로 소설을 쓰기 때문에 가능한 일이다.

이 시간에 알차게 활동한 모둠에서는 이후 그리 어렵지 않게 소설을 완성했다. 교사가 잠시도 쉬지 말고 모둠을 순회하며 토의 과정을 점검해야 한다. 이 시간에 작성한 창작계획서(양식1)는 관리부장이 사진으로 찍어서 밴드에 올리고, 원본은 교사에게 제출하도록 했다.

[양식1] **창작계획서**

1. 주제 정하기

- 요즘 우리 사회에서 일어나는 일들 가운데 여러분이 관심을 가진 문제는 무엇인가? (친구들이 말하는 것을 다 적어보자.)
- 그 가운데 여러분이 소설로 만들면 좋겠다고 합의한 주제는?

2. 배경 정하기 ⇒ 배경을 구체적으로 정해야 소설 쓰기가 쉽다

시대 배경	
공간 배경	

3. 인물 정하기 ⇒ 소설 쓰기의 핵심! 이것만 잘해도 소설은 성공!

이름					
성별					
나이					
직업					
성격/버릇					
외모/복장					
말투/표정					
작품 속 역할					

4. 시점 및 서술자 ⇒ 시점은 넷 가운데 하나

선택	시점	우리가 쓸 소설의 서술자는?
	1인칭 주인공	사건을 끌어가는 주인공은 누구인가?
	1인칭 관찰자	사건을 지켜보는 관찰자는 누구인가?
	3인칭 관찰자	사건을 작품 외부의 어떤 사람이 지켜보며 자신이 보는 장면을 중계함.
	전지적 작가	사건의 내면을 훤히 꿰뚫어 보는 외부의 어떤 존재가 지켜보며 설명함.

5. 작품의 구성 ⇒ 아래의 구성 가운데 몇 개를 골라 섞을 수 있다

선택	구성의 종류	우리가 쓸 소설의 구성 방식은?
	여로형 소설	주인공이 여행을 하는 과정을 통해서 문제를 발견 또는 해결하는 소설
	액자식 구성	어떤 이야기 속에 다른 이야기가 포함되어 있는 구성
	환몽식 구성	액자식 구성 가운데, 가운데 이야기가 꿈으로 구성된 소설
	순행식, 역전식	시간이 순서대로 진행되거나, 시간이 뒤집혀서 전개되거나……

6. 작품의 성격 ⇒ 아래의 성격 가운데 몇 개를 골라 섞을 수 있다.

우화, 풍자, 판타지, 호러, 스릴러, 연애, 공상과학, 사실주의,

해피엔딩, 새드엔딩, 열린 결말……

7. 사건 전개 과정

	주요 사건 ⇒ 인물을 중심으로	시간 배경 공간 배경	연재 순서
발단			
전개			

위기			
절정			
결말			

8. 모둠에서 연재 순서

1번 주자	2번 주자	3번 주자	4번 주자	5번 주자
⇨	⇨	⇨	⇨	

(1) 모둠 연재를 더 쉽게 하는 방법

각자 2회씩 돌아가며 소설을 쓰기 때문에, 네 명이 한 모둠이라면 8회짜리 연재소설을 쓰게 된다. 교실에서 교사의 감독 아래 쓰는 게 아니라서 체계를 잘 갖추지 않으면 엉망이 되어버리곤 한다. 교사의 꼼꼼한 기획과 안내가 필요하다.

첫째, 소설 창작은 네이버 밴드를 활용했다. 학생들이 언제 어디서나 쉽게 접속할 수 있기 때문이다. 학생들은 버스나 지하철을 타는 자투리 시간에 글을 올리기도 했다. 밴드에 소설을 쓸 때는 첨부 파일로 올리면 많이 불편하다. 편하게 쓰고 열어보고 고칠 수 있도록 바로 작성하는 게 좋다.

둘째, 각자 쓰는 분량은 한쪽 정도로 정해주는 게 좋다. 너무 짧아도 안 되지만, 지나치게 길어도 나중에 문제가 생긴다. 무조건 길게 쓰면 좋다고 착각하는 학생들도 있다. 학생들이 글을 올리기 전에 교사가 각 모둠 밴드에 한 쪽 분량의 글을 먼저 올려주고, 그 정도 분량 안에서 알차게 구성하도록 안내하면 좋다.

셋째, 다른 친구의 소설을 읽지도 않고 멋대로 이야기를 풀어나가는 학생도 있다. 한 학생이 소설을 올리면 그때마다 모둠 친구들이 모두 댓글을 달도록 하고, 그걸 평가(성실도)에 반영했다. 댓글에서는 친구의 소설을 칭찬하고 응원하는 내용이 많았고, 맞춤법이나 내용에서 고칠 부분을 지적하기도 했다.

넷째, 연재 순서가 밀리지 않도록 신경 써야 한다. 매주 모둠 친구들 4~5명이 한 번씩은 연재해야 하는데, 앞 순서가 연재를 미루면 다음 친구들이 힘들어진다. 이 문제로 종종 다툼이 일어나곤 한다. 모둠마다 작은 인형을 준비해서, 소설을 올린 친구가 다음 순서인 친구에게 전달하도록 했다. 그걸 받은 학생은 빨리 넘겨야 한다는 마음의 부담을 느끼게 된다. 온라인에서 연재를 제대로 하도록 오프라인에서 채근하는 셈이다.

(2) 소설 쓰기를 힘들어하는 학생을 위한 조언

멋진 작품을 쓰겠다는 욕심을 버리고, 첫 시작을 가볍게 해야 한다. 권투에서 처음부터 한 방으로 상대를 쓰러뜨리겠다고 온 힘을 실어 주먹을 휘두르면 오히려 자기가 당하기 마련이다. 처음에는 힘을 빼고 주먹을 가볍게 툭툭 던지며 상대방을 흔들어야 한다. 그러다가 상대가 점점 다가올 때, 결정적인 순간을 기다려서 크게 한 방 날려야 한다.

소설 창작도 마찬가지다. 첫 문장부터 멋있게 쓰려고 욕심을 부리면 아예 시작하기가 어렵다. 처음엔 무심하게 툭툭 던지는 게 좋다. 그래야 독자들도 부담 없이 다가오게 된다. 예를 들어서, 아래 문장을 보자.

> 따사로운 햇볕이 운동장에 내리쬐던 6월, 새로운 학교로 전학을 가게 된 나는 운동장을 가로질러 2층에 있는 1학년 교무실로 향했다.

실제로 학생이 쓴 소설의 첫 문장인데, 너무 많은 내용이 들어 있다. 이렇게 바꿔보면 어떨까?

> 그날은 유난히 햇볕이 따사로웠다.

이어서 6월의 운동장을 구체적으로 묘사한다. 노는 아이들, 매미 소리, 바람에 흔들리는 나무, 흙먼지 냄새……. 그러고 나서 그 학교로 전학을 가는 사건이 일어나도 늦지 않다. 핵심을 요약하면 이렇다. 첫 시작은 가볍게, 묘사는 최대한 구체적으로, 사건 전개는 아끼고 아껴서.

(3차시) 엮어서 책으로 만들기

8~10회로 연재가 끝나면 편집부장은 밴드에서 글을 모아서 하나의 파일로 합친다. 여러 친구가 돌아가며 쓰다 보니 문체나 시점 등이 오락가락할 수도 있다. 처음부터 끝까지 같은 흐름이 되도록 다듬고 맞춤법 등도 손을 보면 좋다.

소설은 제출용 한 권만 만들 수도 있지만, 각 모둠에서 5~6권을 만들어 한 권은 제출하고 나머지는 기념으로 하나씩 가져도 좋다. 학생들은 서로의 책에 친구들 사인을 받으며 저희끼리 조촐한 출판기념회를 열기도 했다.

3차시 수업에서 책으로 엮으려면 각 모둠에서 쓴 소설을 출력해서 준비해야 한다. 상황이 허락한다면 교사가 파일을 받아서 출력해 줄 수도 있는데 생각보다 양이 좀 많다. 출력물을 책으로 엮는 방법은 세 번째 장(출력해서 책으로 만들기)에서 자세하게 소개한다.

(4차시) 삽화 그리고 표지 만들기

4차시 활동은 디자이너가 주도하지만, 혼자만 그리는 건 아니다. 모둠 친구들이 모두 작업에 참여할 수 있도록 일거리를 나눠줘야 한다. 예를 들어, 디자이너가 표지를 맡고 나머지가 삽화를 그리는 방식이다. 그렇게 하지 않으면 한 시간에 표지와 삽화를 동시에 끝낼 수가 없다.

소설을 제출용 한 권만 만들면 4차시 수업 때 할 일이 없어서 빈둥거리는 학생이 생길 수 있다. 하지만 여러 권을 만들면 놀 수가 없다. 각자 표지 또는 삽화에서 맡은 역할이 있기에 소설책 5~6권에 돌아가며 끊임없이 그려야 한다.

4차시 수업에서 삽화를 그리려면 편집부장이 파일을 하나로 모을 때 디자이너와 상의해서 삽화가 들어갈 자리를 미리 비워둬야 한다. 너무 욕심을 내서 삽화를 많이 넣으면 감당이 안 된다. 디자이너는 표지를 만들고, 나머지 모둠원들이 각각 삽화 2개를 그릴 수 있을 정도가 적당하다.

삽화를 넣으면 소설이 소설다워 보인다. 그림을 잘 그릴 필요는 없다. 대충 선 몇 개만 쓱쓱 그려서 소설의 분위기를 잘 살릴 수도 있다. '잘 그린 그림'이 아니라 '적절한 그림'에 초점을 맞춰야 한다. 그림책 가운데 괜찮은 본보기를 찾아서 보여주면 좋다. 모둠 친구들과 함께 어떤 그림을 어떻게 그릴지 상의하는 재미가 쏠쏠하다.

표지를 만드는 방법은 세 번째 장(출력해서 책으로 만들기)에서 자세하게 소개하기로 한다.

2. 배움과 성장을 목적으로 하는 평가

학생들은 평가에 민감하다. 평가에서 불이익을 받았다고 느낀다면 아무리 의미가 있는 교육 활동에 대해서도 불만을 품게 된다. 학생들이 모두 수긍할 수 있는 평가기준을 만들되, 평가 과정을 통해 학생들이 배우고 성장할 수 있다면 금상첨화이다.

또 조심스러운 점은 평가지침이다. 교육청마다 조금씩 다르기는 하지만, 수업에서 벗어난 활동을 평가에 반영하기는 쉽지 않다. 온라인 밴드에 소설을 연재하는 활동을 어떻게 평가에 반영할 수 있을까? 그런 고민 끝에 다음과 같은 자기평가서(양식2)를 만들었다.

[양식2] 자기평가서

1. 소설 내용

- 1회 연재 내용:

- 2회 연재 내용:

2. 개인 역할

- 모둠에서 맡은 역할은 무엇인가요?
  사회자(큰입) / 관리부장(큰귀) / 편집부장(큰눈) / 디자이너(큰손)
- 그 역할을 잘 수행하기 위해서 어떤 노력을 했는지 구체적으로 써 주세요.
- (성실도) 모둠 친구들의 소설에 어떤 댓글을 달았나요?

3. 성장 과정

- 소설을 쓰고 책으로 만드는 과정에서 가장 고마웠던 모둠 친구는 누구이며, 그 이유는 무엇인가요?
- 소설을 쓰고 책으로 만드는 과정에서 여러분이 배우고 깨달은 점은 무엇인가요?
- (소설 내용과 관련하여) 여러분이 소설을 쓰면서 배우고 깨달은 점은 무엇인가요?
- 여러분 후배들에게도 소설 쓰기 수업을 한다면, 앞으로 어떤 점을 보완하면 좋을까요?

평가는 모둠과 개인으로 나눴다.

- 개인점수: 5점
  - 소설 내용(3점): 연재소설 두 번을 제대로 올렸나?
  - 개인 역할(2점): 모둠에서 맡은 역할을 충실하게 수행했나?
- 모둠점수: 5점
  - 창작계획서(3점): 창작계획서(양식1)를 충실하게 작성했나?
  - 소설 완성본(2점): 소설 완성본을 제대로 제출했나?

개인점수(5점)는 4차시 수업 시간에 작성한 자기평가서(양식2)를 대상으로 했다. 소설을 제대로 올리지 않았거나 맡은 역할을 충실하게 하지 않았다면 자기평가서에 쓸 수가 없다. 수업 밖에서 한 활동을 평가에 반영하기 위한 궁여지책인 셈인데, 교육청의 평가지침에 따라 개인점수를 평가하는 방법은 달라질 수 있다.

모둠점수(5점)는 2차시에 작성한 창작계획서(양식1)와 4차시에 제작한 소설 완성본을 대상으로 평가했다. 창작계획서는 사진으로 찍어 온라인 밴드에 올리고 원본은 교사에게 제출하도록 했는데, 이걸 충실하게 작성해야 소설을 제대로 쓸 수 있기에 부실하게 제출한 모둠은 2차시 수업 이후에 따로 불러서 보완하도록 했다. 따라서 거기서 점수가 깎이는 모둠은 없다. 소설 완성본도 4차시에 제출하기만 하면 대부분 만점을 줬다. 거기서 점수를 깎게 되면 모둠 친구들 사이에 다툼이 생기기 때문이다.

다만 모둠 점수는 같은 모둠이라고 해서 똑같이 받는 게 아니다.

(내 모둠점수) = (우리 모둠점수) × (내 개인점수/5)

철수와 영수는 같은 모둠이다. 철수는 연재소설을 2회 모두 올리고 맡은 역할도 열심히 했다. 하지만 영수는 소설도 1회만 올리고 역할도 제대로 수행하지 않았다.

이 모둠에서는 영수 때문에 8회가 아니라 7회 연재소설이 되고 말았다. 하지만 창작계획서와 소설 완성본을 제출했기에 모둠점수는 5점을 받았다. 이때 철수와 영수가 받게 될 점수는 어떻게 될까?

철수: 개인점수 5점 + 모둠점수 5점(=5점×5/5) = 10점

영수: 개인점수 2점 + 모둠점수 2점(=5점×2/5) = 4점

영수가 자기 역할을 제대로 하지 않으면서 좋은 모둠을 만났다는 이유만으로 무임승차를 할 수도 없고, 철수가 영수와 같은 모둠이라는 이유로 점수에서 불이익을 당할 일도 없다. 물론 철수가 영수 몫의 일을 조금 더 해야 하는 경우는 생길 수도 있다. 그럴 때는 '세부능력 및 특기사항'에 잘 적어서 철수의 마음을 달랬다.

'세부능력 및 특기사항'은 잘하는 학생들이 더 잘하도록 격려하는 당근이 될 때가 많다. 개인평가서(양식2)에서 3번(성장 과정)의 답변을 잘 정리하면 기록할 내용이 풍성해진다. 그런데 모든 활동이 끝나고 개인평가서 양식을 제시하면 당근으로서의 약효가 떨어진다. 교실에서 진행한 1차시 수업 때, 활동을 시작하는 단계에서 이 잣대를 미리 보여주면 더 효과적이다.

3. 출력해서 책으로 만들기

(1) 편집 양식을 지정해야 하는 이유

소설을 창작하는 것 자체에 목표를 둔다면 굳이 그렇게까지 할 필요는 없다. 하지만 출력해서 책으로 만든다면 양식을 미리 지정해 줘야 한다. 특히 학생들 작품을 모아서 한두 권으로 엮고자 한다면 반드시 그렇게 해야 한다. 그러지 않으면 그게 나중에 교사의 일거리로 돌아온다.

책은 A5 크기로 만드는 게 적당하다. 책이 작아야 손에 쥐었을 때 예쁘고, 학생들이 쓴 글의 양이 적더라도 도톰하게 쪽수가 어느 정도 채워지기 때문이다. '편집 용지'에서 제본을 '맞쪽'으로 설정하고 '용지 여백'에서 '제본을' 10으로 설정하면 나중에 책을 묶을 공간이 생겨서 좋다.

· **편집 용지**

용지 종류	용지 방향	제본
A5(국판)	세로(P)	맞쪽(2)

· **용지 여백**

위쪽	아래쪽	안쪽	바깥쪽	머리말	꼬리말	제본
15.0	15.0	20.0	20.0	15.0	13.0	10

글자와 문단 모양도 지정해 주면 나중에 교사의 번거로운 일거리를 많이 줄일 수 있다.

		소제목	소설 본문
글자 모양	글자 크기	12	10
	글꼴	KoPubWorld 돋움체Medium	KoPubWorld 바탕체Light
	나머지	기본 설정	
문단 모양	정렬 방식	가운데 정렬	양쪽 정렬
	기타	들여쓰기 0	들여쓰기 9
	줄 간격	200	

글꼴도 지정해 주는 게 좋은데, 예쁜 글꼴을 쓰려다 저작권에서 문제가 생길 수 있기 때문이다. 또 여러 작품을 모아서 엮을 때 글꼴이 제각각이면 몹시 지저분해 보인다. 위에 소개한 글꼴은 책을 만들 때 쓰라고 우리나라 한국출판인회의와 문화체육관광부에서 무료로 배포한 글꼴이다. 무난하게 쓸 수 있다.

편집 용지, 문단 모양, 글자 모양 등은 아무리 설명해도 어려워하는 학생들이 있다. 교사가 위의 조건에 맞게 파일을 만들어 제공하면 학생들이 무척 고맙게 생각한다.

(2) 출력물을 책으로 묶기

편집 용지를 A5로 설정했다. 그런데 A5 크기로는 출력하기가 어렵다. A5는 A4의 절반 크기다. A4에 두 쪽씩 출력하면 딱 맞게 들어간다. 한글 프로그램에서 '인쇄 방식' 중 '모아 찍기(2쪽씩)'를 선택하면 된다.

출력은 양면이 아니라 단면으로 해야 한다. 그걸 잘 간추려서 가운데를 정확히 반으로 접으면 A5 크기가 된다. 여러 장을 한 번에 접으면 삐뚤어지기 때문에 귀찮더라도 한 장씩 접어서 네 귀를 잘 맞춰야 한다.

출력한 종이를 접을 때는 바깥으로 접어야 한다. 다시 말해서 종이를 반으로 접었을 때 글씨가 있는 쪽이 바깥으로 나오고 글씨가 없는 하얀 쪽이 서로 맞닿아야 한다. 반으로 접은 종이를 쪽 번호 순서대로 잘 간추려서 묶으면 책이 된다.

책을 묶는 방법은 '오침안정법'이 좋다. 전통적인 제본 방법인데 어렵지도 않고 생각보다 멋지다. 먼저 소설을 깔끔하게 잘 간추리고 구멍을 다섯 개 뚫는다. 구멍 사이 간격은 일정해야 한다. 그리고 책을 묶을 끈을 준비한다. 길이는 책을 세로 방향으로 두 번 감을 수 있을 정도면 된다. 끈을 묶는 방법은 인터넷이나 유튜브 등을 참고하면 쉽게 따라할 수 있다.

(3) 표지는 책의 얼굴

책에서 가장 중요한 건 표지다. 책의 얼굴이라 할 수 있다. 먼저 수업 시간에 실제 책을 몇 권 들고 가서 여러 가지 표지 형식을 직접 보여주면 학생들에게 큰 도움이 된다.

다음으로 표지에 반드시 들어갈 내용을 알려줘야 한다. 앞표지에는 책 제목, 저자, 출판사(학교 이름), 적당한 그림이 들어가야 하고, 뒤에는 출판 정보를 넣으면 좋다.

그림은 표지를 예쁘게 꾸밀 뿐 아니라, 제목과 어우러져 큰 폭발력을 지닌다. 표지 그림은 예쁜 것보다 '의미'가 중요하다. 소설의 제목, 내용, 배경, 인물 등과 잘 어울려야 한다. 표지 그림은 약간 추상적인 느낌이라도 좋다.

(4) 우수 작품을 모아 작품집 만들기

학생들 작품을 모아 단행본으로 정식 출판을 하고 싶을 때가 있다. 온라인에서 출판을 대행하는 업체가 제법 있기는 하지만 막상 작업해 보면 몹시 번거로운 일이 많다.

더 쉬운 방법이 있다. 요즘 인쇄업체 가운데는 출판 등록을 겸하고 있는 곳이 많다. 그런 업체를 섭외하면 학교에서 자료집을 만드는 방식으로 작업을 하고, 인쇄업체에서 ISBN을 등록하여 정식 단행본으로 출간할 수 있다. 아래는 이런 방법으로 발간한 단행본 표지다.

2018년 문학(2학년) 수업에서 두 권을 만들었다. 남녀공학이다 보니 달달한 사랑 얘기가 많았는데 그걸 모아 엮은 책이 《은밀하게 애틋하게》이고, 조금 묵직한 메시지를 담고 있는 이야기를 모아 엮은 책이 《이 약을 먹으면 아픔이 나아질까요?》이다. 지도교사가 쓴 머리말에서 당시 수업 분위기를 엿볼 수 있다.

이 책은 2018년도 2학년 1학기 문학 수업에서 진행한 수행평가 결과물을 모은 소설집입니다. 학생들이 모둠별로 인물을 설정하고 서사를 구성하고 순서를 정하여 온라인 밴드에 연재한 소설 작품을 책으로 엮었습니다. 흐름이나 표현이 다소 거칠 수 있으나 이를 다듬지 않고 그대로 실었습니다. 교사의 개입 없이 학생들의 노력만으로 완성한 소설임을 감안하고 읽어주시길 바랍니다.

평소 문학 수업에서 학생들은 소설을 읽고 분석하는 방법을 배웁니다. 거기서 나아가 소설을 직접 완성해 보면 단순한 '수용자'에서 벗어나 '생산자'가 되는 경험을 하게 되고, 이런 경험은 다시 소설의 수용자로 돌아왔을 때 소설을 감상하는 데 큰 도움이 되리라 생각합니다.

소설 쓰기를 하며 가장 신경 썼던 부분은 이 과정이 학생과 교사 모두에게 즐거워야 한다는 점이었습니다. 학생들은 모둠별로 인물과 서사를 구상하면서 무척 유쾌하고 즐거워했습니다. 그랬기 때문인지 자발적이고 능동적으로 소설을 쓰는 성숙함을 보였습니다. 또한 교사들은 학생들이 쓴 소설을 온라인에서 실시간으로 확인하면서 댓글로 소통하고 격려하는 과정이 무척 행복했습니다.

소설 쓰기 과정에 즐겁고 유쾌하게 참여해 준 ○○고 멋쟁이 2학년 학생들에게 "수고했습니다, 고맙습니다!" 인사를 전합니다.

2020년에는 뜻하지 않은 돌림병으로 큰 혼란을 겪었다. 그런데 이런 상황에서 온라인 밴드를 활용한 소설 쓰기는 더욱 빛났다. 대면 수업과 비대면 수업을 섞어서 소설 쓰기 과정을 진행할 수 있었기 때문이다. 처음부터 그렇게 의도한 것은 아니었는데 학생들 작품에는 코로나19

시대를 견뎌야 하는 불안함이 잔뜩 묻어났다. 1학년 국어 수업을 교사 둘이 나눠서 했는데, 각자 맡은 학급에서 우수 작품을 가려서 두 권으로 엮었다.

이 가운데 《디스플레이》의 머리말 일부는 다음과 같다.

> 어떤 철학자는 "내일 지구가 멸망한다고 해도 나는 오늘 한 그루 사과나무를 심겠다."라고 했답니다. 우리는 그런 마음으로 소설을 썼습니다.
>
> 2020년. 먼 훗날 사람들은 올해를 어떻게 기억할까요?
> 바이러스, 격리, 거리 두기, 마스크, 침방울…….
> 그 속에서도 사람은 살고,
> 싸우고 사랑하고,
> 글을 쓴다는 걸 보여주고 싶었습니다.

학생들이 만들어낸 이야기 속에도 재앙이 닥친 세계를 바라보는 불안함, 그런 속에서도 여전히 살아갈 수 있다는 희망이 함께 녹아 있습니다. 교사의 도움 없이 오롯이 학생들 힘만으로 쓴 소설이라 엉성해 보일 수는 있지만, 2020년을 살아가는 기록으로 충분히 의미가 있다고 느낍니다.

소설의 큰 주제는 '겹'과 '결'로 잡았습니다. 사람의 삶이든 세상살이든, 단면으로 봐서는 제대로 알 수 없습니다. 한 겹 두 겹 안으로 들어가 봐야 합니다. 그런 겹이 모이면 결이 됩니다. 겹과 결이 모여 사람의 무늬, 세상살이의 무늬를 아름답게 가꾸기를 기대했습니다. 이 소설을 읽으시는 분들도 이야기 속에서 겹과 결을 찾아보시기를 권합니다.

학생들로서는 처음 쓰는 소설인데, 더군다나 코로나19로 인해서 수업도 제대로 할 수 없는 상황이었습니다. 이런 어려움 속에서도 정말 열심히 소설 쓰기에 참여한 학생들 모두에게 고마움을 전합니다. 덕분에 한 모둠도 빠짐없이 훌륭한 작품을 만들었습니다. 큰 박수를 보냅니다.

(5) 서점에서 자기 책을 발견하는 기쁨

판매는 학교 근처의 동네 서점에 부탁할 수 있다. 물론 많이 팔리진 않겠지만 자기 책을 서점에서 발견하는 기쁨이 있다. 감격에 벅찬 학부모들이 제법 여러 권을 사기도 한다.

비록 소액이라 하더라도 수익금을 어떻게 쓸 것인지 학생들과 미리 협의해야 한다. 학생들에게 인세를 받는 기쁨을 선물해 줄 수도 있지만 두 가지 점에서 걸린다. 첫째, 저자의 숫자가 워낙 많다 보니 학생들에게 인세를 나눠주는 건 큰 의미가 없을 수 있다. 둘째, 책을 발간하는 시기는 대체로 학년 말인데, 학년이 바뀌면 학생들에게 인세를 나눠주는 일이 여간 번거롭지 않다. 그래서 보통은 좋은 일에 기부하곤 한다.

아무리 좋은 취지로 시작한 일이지만 돈이 걸린 문제이다 보니 나중에 분란에 휩싸일 수도 있다. 미리 학교운영위원회에서 자문 또는 심의를 받아두면 안전하다.

4. 글쓰기 윤리를 어떻게 가르칠까?

(1) 저작권, 보호받고 보호해야 할 권리

학생들은 저작권의 중요성을 잘 모른다. 다른 이의 글이나 그림을 함부로 가져오면 안 된다고 강조하면 잔소리가 되기 쉽다. 학생들이 저작권의 중요성을 깨닫도록 하려고 학생들의 저작권을 활용하겠다는 동의를 먼저 받았다.

저작권 활용 동의

20○○학년도 ○학기 국어 과목 수업에서 제작한 저작물(창작계획서, 모둠소설)에 대해 아래와 같이 동의합니다.

- 대상 저작물: 모둠소설 창작계획서, 모둠소설 원고와 그림
- 활용의 목적: 수업에 예시로 활용, 학교 홍보 자료로 활용, 모둠소설집 발간(판매) 등
- 활용의 주체: ○○고등학교

20○○년 ○월 ○일

이름					
서명					

학생들은 대체로 의무보다 권리에 민감하게 반응한다. 자신들이 수업 시간에 창작한 저작물도 마땅히 보호받을 수 있는 권리임을 알려주

면 다른 이의 저작권을 보호해야 할 의무에 대해서도 고개를 끄덕인다. 그런 다음 아래에도 서명하도록 했다.

저작권 보호 각서

20○○학년도 ○학기 국어 과목 수업에서 모둠소설을 창작하면서 저작권 보호 의무를 성실하게 이행할 것을 다음과 같이 다짐합니다.

- 소설의 내용과 관련하여 주제, 구성(인물·배경·사건), 표현(문체), 제목 등 모든 것을 모둠끼리 협의하여 새롭게 창작하겠습니다. 기존 소설, 인터넷 등에서 어떠한 자료도 가져다 쓰거나 흉내 내지 않겠습니다.
- 소설에 들어가는 삽화와 표지 그림은 소설의 내용을 고려하여 모둠원이 직접 그리겠습니다. 기존 소설, 인터넷 등에서 어떠한 자료도 가져다 쓰거나 흉내 내지 않겠습니다.
- 타인의 저작권과 관련하여 문제가 생기는 경우, 모둠 구성원이 전적으로 책임을 지겠습니다.
- 저작권과 관련하여 궁금한 점이 있을 때는 지도교사와 반드시 사전에 상의하겠습니다.

20○○년 ○월 ○일

이름					
서명					

사실 타인의 저작물을 교육 목적으로 사용하는 일은 크게 문제 되지 않는다. 다시 말해서, 학생들이 수업 시간에 창작하는 소설에 타인

의 저작물을 조금 활용해도 법적으로 문제가 되지는 않을 수 있다는 뜻이다.

하지만 학생 작품을 모아 단행본으로 엮고, 그걸 정식으로 출판하겠다면 문제는 달라진다. 또한 저작권 문제는 '표절'과 맞닿아 있는 경우가 많다. 그렇기에 출판 여부와 무관하게 처음부터 저작권 문제를 강하게 이야기했다.

저작권 문제는 잘하려는 욕심에서 비롯되는 경우가 많다. 그러니 최종 작품의 수준을 평가에 반영하면 문제를 부추기는 꼴이 된다. 소설을 창작하는 과정 자체가 중요하며, 창작 단계에 따라 충실하게 수행하면 모두 좋은 평가를 받을 수 있다는 믿음을 줘야 한다.

(2) 학교폭력, 잔소리가 아니라 규칙으로 예방하기

소설에서 누군가를 놀리는 일도 있다. 그건 학교폭력이라고 엄하게 경고하지만, 그렇게 해서 겁을 먹을 아이들이었다면 요즘 우리 사회에서 학교폭력 문제가 이렇게 심각하지도 않을 것이다. 잔소리가 아니라 규칙으로 접근해야 불필요한 감정 소모를 줄일 수 있다.

첫째, 소설에 학교 선생님이나 친구를 등장시키지 말 것.
둘째, 소설에 학교에서 일어난 실제 사건을 묘사하지 말 것.
셋째, 소설에 정치인이나 연예인 등 유명인의 실명을 쓰지 말 것.

학생들이 창작을 시작하고 나면 그 뒤로는 내용을 바꾸기가 몹시 어렵다. 그런 일이 아예 일어나지 않도록 창작계획서를 작성하는 단계에서부터 단속해야 한다. 창작계획서를 미리 받아서 등장인물이나 사건을 꼼꼼하게 살펴 문제가 될 여지를 뿌리 뽑는 게 좋다. '문제가 생기지 않게 잘 쓸게요.'라는 말을 믿지 말고 '너의 고민과 부담을 내가 제거해 줄게.'라며 웃는 얼굴로 잘 타일러야 한다.